Anselm Grün

Weihnachten – Einen neuen Anfang feiern

HERDER spektrum

Band 4935

Das Buch

Wenn so viele Menschen sich in den Zeiten der Weihnacht an ihre Kindheit erinnern, dann ist dies mehr als Nostalgie. Dahinter steckt eine Sehnsucht nach dem heilen Anfang, nach dem Paradies. Am Anfang leuchtet das Ganze auf. Hier klingt das Versprechen eines geglückten Lebens nach, hier scheint es als Wirklichkeit auf. Die Überlierung kennt diese Erfahrung und Hoffnung und drückt sie im Festkreis um Weihnachten traditionell in tiefer Symbolik aus: Mit Advent und Weihnachten beginnt das Kirchenjahr. Advent ist – im spirituellen Kern – die Zeit, in der wir unsere Sehnsucht nach einem geglückten Leben, nach einem neuen und endgültigen Anfang ausdrücken. Auch an Weihnachten wird – im Kern – der neue Anfang sichtbar ausgedrückt und in zentralen Bildern imaginiert. Wir sind nicht festgelegt – so die Hoffnung hinter allem – auf die Vergangenheit, nicht geprägt durch die Verletzungen unserer Lebensgeschichte. Gott selber, das ist die innerste Botschaft des Festes – fängt mit uns neu an, wenn er als Kind sich einläßt in unsere Wirklichkeit. In den scheinbar so vertrauten und bei näherer Betrachtung immer wieder überraschenden Bildern der Advents- und Weihnachtszeit liegt spirituelle Weisheit. Anselm Grün macht sie neu transparent und so verständlich, daß sie zu Bildern unserer eigenen Menschwerdung werden: zu Bildern einer Beziehung letztlich, durch die das Göttliche Geheimnis hineinscheint in unser eigenes Leben: zu Bildern des Ankommens, des Wartens, der Dunkelheit und des Trostes. Aber auch Symbole der Verwandlung, des Friedens, der Heiligung, der Öffnung und Erhellung tauchen als vertraute, uns im innersten anrührende Botschaften auf: Bilder, die im Anbruch eines neuen Jahrtausends nicht nur von Zeitenwende sprechen, sondern vom menschlichen Leben überhaupt, das zwischen Geburt und Tod, zwischen Zeit und Ewigkeit ausgespannt ist. Sie erschließen sich in diesem Buch auch als Bilder, die festen Halt geben im Wechsel und Strudel der Zeiten.

Der Autor

Anselm Grün OSB, geb. 1945, verwaltet die Benediktinerabtei Münsterschwarzach. Geistlicher Berater und Kursleiter für Meditation, tiefenpsychologische Auslegung von Träumen, Fasten und Kontemplation. Bei Herder Spektrum: 50 Engel für das Jahr; Herzensruhe; Jeder Mensch hat einen Engel; Buch der Sehnsucht; Buch der Lebenskunst; Kleines Buch vom wahren Glück; Im Zeitmaß der Mönche.

Anselm Grün

Weihnachten – Einen neuen Anfang feiern

Fest zwischen den Zeiten

HERDER

FREIBURG · BASEL · WIEN

Gedruckt auf umweltfreundlichem,
chlorfrei gebleichtem Papier

5. Auflage

www.herder.de
Herstellung: fgb · freiburger graphische betriebe 2003
www.fgb.de
Umschlagmotiv: Geburt Christi, Handschrift aus der Abtei Lichtenthal/Baden
Umschlaggestaltung und Konzeption:
R·M·E München / Roland Eschlbeck, Liana Tuchel
Autorenfoto: Markus Bollen, Bensberg
ISBN 3-451-04935-X

Inhalt

Einleitung

Wenn so viele Menschen sich in den Zeiten der Weihnacht an ihre Kindheit erinnern, dann ist dies mehr als Nostalgie. Dahinter steckt die Sehnsucht nach dem heilen Anfang, nach dem Paradies. Am Anfang leuchtet das Ganze auf. Hier klingt das Versprechen eines geglückten Lebens nach: Es kann Wirklichkeit werden. Seit jeher hat die Kirche das Geheimnis der Menschwerdung Gottes in vielen Bildern ausgedrückt. Bilder waren eher geeignet als eine theologische Spekulation, die zwar den Verstand befriedigte, das Herz aber unberührt ließ. In den archetypischen Bildern, die das Christentum übernommen hat, um den Glauben an das Geheimnis von Weihnachten auszudrücken, hat es die Sehnsucht aller Völker und Religionen aufgegriffen. Schon die frühe Kirche hat die religiöse Faszination der Menschen, die sie in kosmischen Erscheinungen ergriff, etwa beim Aufgang oder Untergang der Sonne, ihre Angst vor der nächtlichen Dunkelheit und ihre Freude bei der Überwindung dieser Finsternis im Morgenstern, ernst genommen und mit ihrer Botschaft von der Geburt Gottes im Stall von Betlehem geantwortet. Sie hat die Weihnachtsbotschaft im Dialog mit der antiken Sonnenverehrung in einer Sprache formuliert, die die Menschen damals anrührte. Später hat die Kirche die Geburt Jesu durch das Bild des siegreichen Lichtes in die Angst der Germanen vor den Spukgeistern der Rauhnächte hinein verkündet und damit ihre Seele tief berührt. Wo immer ihre Weihnachtsbotschaft verkündet wurde, da fühlten sich die Menschen in ihren elementaren Sehnsüchten und kosmischen Erfahrungen angesprochen. Die Ägypter und

Griechen, die Römer und Germanen, die Inkas und die Japaner, alle verstanden die Symbolik von Licht und Leben, von Sonne und Stern, von Geburt und Neubeginn.

Schon die Evangelisten haben damit angefangen, die Geburt Christi nicht nur nüchtern zu berichten, sondern sie zugleich in Bilder zu kleiden, die die Ahnungen des menschlichen Herzens ansprechen.

Lukas hat die Geburt Jesu so erzählt, daß sich die antiken Zeitgenossen mit ihrer Sehnsucht nach Heil und Frieden angesprochen fühlten. Nicht dem Kaiser Augustus gebührt die Ehre, sondern Gott in der Höhe. Weil Gott aus der Höhe herabgestiegen ist, deshalb ist nun wahrhaft Friede für die Menschen angebrochen. Die Geburt Jesu ist so ein Gegenprogramm zur Verherrlichung eines Kaisers, der nur durch Waffengewalt einen brüchigen Frieden erzwingen konnte.

Johannes hat die Botschaft von der Menschwerdung Gottes in die Vorstellungswelt der Gnosis hinein übersetzt, in die breite geistige Strömung der ersten Jahrhunderte unserer Zeitrechnung, deren Anhänger sich nach Erleuchtung und wahrem Leben sehnten: In Christus ist das Leben erschienen, das wahre Licht, das die Menschen erleuchtet.

Die Kirchenväter haben diese Ansätze der Evangelisten aufgegriffen und die christlichen Feste bewußt an den Tagen begangen, an denen die Römer und Griechen Geheimnisse ihrer Gottheiten feierten.

Ich verzichte in diesem Buch bewußt auf theologische Spekulationen über das Weihnachtsgeheimnis. Statt dessen möchte ich gemeinsam mit Dir, lieber Leser, liebe Leserin, Bilder anschauen, die das Geheimnis von Weihnachten darstellen. Die Bilder wollen uns einen Zugang zum Geheimnis der Menschwerdung vermitteln, der nicht nur über den Verstand geht, sondern das ganze Herz berührt, der bis in die Schichten unseres Unbewußten hineinreicht. Die Bilder verlangen von Dir nicht, daß Du die christliche Dogmatik als Deine Lebensüberzeugung übernimmst. Sie möchten nur, daß Du Dich so, wie Du bist, auf die Bilder einläßt, mit Deiner eigenen Sehnsucht, mit Deinen Ängsten und Nöten, Deiner Enttäuschung und Deiner Hoffnung, Deinem Glauben und den Zweifeln Deines Lebens, aber auch mit Deinen Ahnungen von einer anderen Welt, die in Deine Welt einbrechen und sie verwandeln möchte.

Viele feiern Jahr für Jahr Weihnachten und trauern der verlorenen Kindheit nach, dem zerronnenen Glauben an die heile Welt, die ihnen damals an Weihnachten aufgeleuchtet ist. Sie haben eine Erinnerung an geheimnisdurchtränkte Kinderfeste, an ein friedliches Miteinander in der Familie. Aber die bloße Erinnerung an vergangene Feste ist keine Garantie, daß die Feste heute genauso gelingen. Wenn wir uns nicht immer wieder klarmachen, was wir da eigentlich feiern und was das uns zu sagen hat, dann muß Weihnachten notwendigerweise enttäuschen. Kein Fest zeigt heute stärker die Kluft zwischen Ideal und Wirklichkeit als das Weihnachtsfest. Da ist tief in uns die Sehnsucht nach dem Paradies, nach gelungenen Beziehungen in der Familie, nach einem Beheimatetsein in dieser Welt. Aber wenn der Bezug zum Inhalt des Festes fehlt, dann kommt keine Weihnachtsfreude auf. Der Schmerz über den Verlust des Glaubens an einen tieferen Sinn und über das Auseinanderfallen menschlicher Beziehungen legt dann vielmehr einen Schleier der Traurigkeit über die Herzen.

Als ich mich mit den weihnachtlichen Bildern beschäftigte und sie zu beschreiben suchte, hatte ich einen Traum. Im Traum diskutierte ich mit Theologiestudenten über Weihnachten. Nach einigen theologischen Diskussionen tauchte auf einmal die Frage auf: Wie könnten wir so über Weihnachten sprechen, daß wir selber einen neuen Anfang wagen, daß auf einmal alles in uns neu wird. In diesem Augenblick, als wir uns die Frage so gestellt hatten, da spürten auf einmal alle, daß wir nicht mehr nur debattierten, sondern die eigentliche Wirklichkeit berührten. Da ging es auf einmal um das Leben, wie es gelingen könne, um das Geheimnis Gottes und des Menschen. Es käme darauf an, so meinte einer, daß wir über die Bilder von Weihnachten so sprechen, daß die Qualität dieses Festes spürbar werde, daß ein *neues* Leben möglich werde. Dieser Traum drückt auch meinen Wunsch an dieses Buch aus, das Du jetzt in der Hand hältst. Ob der Wunsch in Erfüllung geht, kann ich selber nicht beurteilen. Ich wünsche Dir, daß Dich die Bilder von Weihnachten an die eigentliche Wirklichkeit Deines Lebens führen, daß da eine andere, eine göttliche Wirklichkeit einbricht in Dein Leben, daß Du Dich in Deiner tiefsten Sehnsucht berührt fühlst. Nicht alle Bilder werden Dich ansprechen. Wähle die aus, die Dein Herz berühren. Nimm die Bilder als Fenster, durch die Du hindurchschaust auf das Geheimnis Gottes und auf das Geheimnis Deines Lebens. Bilder wollen Dich nicht zu etwas drängen. Bilder lassen Dir die Freiheit, das zu sehen, was Du sehen möchtest. Aber sie ermöglichen eine neue Sicht. Sie öffnen Fenster, durch die Du eine neue Aussicht erhältst auf eine Wirklichkeit, die Du bisher vielleicht übersehen hast. Die Bilder holen Dich dort ab, wo Du stehst. Du darfst in die Bilder Deine urpersönlichsten Sehnsüchte hineinlegen, seien die nun heidnisch oder christlich, religiös oder areligiös.

Folge nur der Spur Deiner Sehnsucht. Dann werden Dir die Bilder das Geheimnis Deines Lebens erschließen.

In den Bildern der Advents- und Weihnachtszeit, so habe ich einleitend gesagt, drückt sich unsere Sehnsucht nach einem neuen und endgültigen Anfang aus. In der Adventszeit wird unsere Sehnsucht angesprochen, über das Vordergründige des Alltags hinauszugehen in den Bereich, in dem wir festeren Grund unter die Füße bekommen, in den Bereich Gottes. Und an Weihnachten feiern wir einen neuen Anfang. So hat es schon Papst Leo d. Gr. († 461) in einer Weihnachtspredigt gesagt: „Da wir in Ehrfurcht das Erscheinen unseres Erlösers begehen, zeigt es sich, daß wir unseren eigenen Anfang feiern." Der alte Weg, so meint Papst Leo, wird an Weihnachten abgeschnitten und der Übergang zum neuen Menschen vollzogen. Unser Leben bekommt eine neue Qualität: Du bist nicht festgelegt auf Deine Vergangenheit, auf die Verletzungen Deiner Lebensgeschichte, auf die alten Muster, die Du von Deinen Eltern übernommen hast und die Dich immer wieder am Leben hindern. Gott selbst fängt neu mit Dir an, da er sich als Kind einläßt auf Deine Wirklichkeit. Er befreit Dich von dem Zwang, Dich von Deiner Vergangenheit her zu definieren. Wie immer auch Deine Lebensgeschichte aussieht, was immer Dich belastet, Du kannst es lassen und neu anfangen, da Gott selbst mit Dir neu beginnt.

In den vielen Vorstellungen, die sich um die Geburt Jesu im Stall von Betlehem ranken, etwa im Bild des Stalles, der Krippe, der Höhle, der Hirten, von Ochs und Esel, von Engeln und Sternen, drückt sich – wenn wir nur genau hinsehen – unsere Sehnsucht nach dem ursprünglichen Bild des Menschen und nach einem neuen Miteinander der Menschen aus. Ich will versuchen, diese Vorstellungen als Bilder unserer eigenen Menschwerdung verstehbar zu machen. In ihnen scheint nämlich das göttliche Geheimnis des ewigen Lichtes hinein in die Dunkelheit unseres irdischen Lebens.

Ich möchte die Bilder auch ganz bewußt als Bilder des neuen Anfangs anschauen, den wir in diesen Jahren der Zeitenwende stärker ersehnen als sonst. In jeder Zeitenwende liegt die Verheißung, daß die Menschen besser miteinander leben, daß sie sich mit neuen Augen ansehen und achten, daß sie neue Wege für sich und diese Welt entdecken und gehen. In unserer postmodernen Zeit hat man eine solche Sehnsucht als Illusion zu entlarven versucht und ihr den Zynismus und die Ironie positiv gegenübergestellt. Aber solche Haltungen führen nicht zum Leben, sondern nur in die Resignation. Weihnachten zeigt, daß die Sehnsucht sich auch heute als stärker erweist als alle postmoderne Skepsis. Die Bilder von Weihnachten wollen uns bei allen Zweifeln und Enttäuschungen Hoffnung machen, mitten im Wechsel und Strudel der Zeiten einen festen Stand zu finden, von dem aus wir mit uns und unserer Welt neu anfangen können.

1. Advent – Ankommen

Advent heißt „Ankunft". Wir warten auf die Ankunft Jesu Christi in unserer Welt. Die Kirche spricht von ihr in dreifacher Weise: von der Ankunft Jesu in seiner Geburt vor 2000 Jahren, vom Ankommen Christi in unserem Innern heute und von seinem Kommen in Herrlichkeit am Ende der Zeiten. Aber berührt uns der Advent Christi überhaupt? Sollte nicht lieber der Freund ankommen oder die Freundin? Sollte nicht eine andere Regierung kommen, eine andere Gesellschaft? Was soll das Kommen Jesu denn schon bewirken in unserem Leben, in unserer Welt?

Häufig höre ich Menschen seufzen: „Ich bin noch nicht ganz da. Laß mich doch erst einmal ankommen!" Wir sind meistens nicht dort, wo wir sind. Wir sind mit unserer Seele noch nicht angekommen. Wir verwenden das deutsche Wort „Ankommen" aber auch noch anders. Wir sagen von einem Menschen, daß er gut ankommt. Der neue Chef kommt gut an bei seinen Mitarbeitern. Er wird von ihnen angenommen. Er findet bei ihnen Zuspruch.

Wir feiern im Advent die Ankunft Jesu Christi bei uns, sein Ankommen in unserem Herzen. Und es bedeutet zum einen, daß Jesus zu uns kommt, daß er an die Türe unseres Herzens klopft. Natürlich wissen wir, daß Jesus schon gekommen ist. Er ist vor 2000 Jahren als Mensch auf diese Erde gekommen, um mit uns zu sein. Und er ist längst schon bei uns da. Er ist in unserer Mitte, wenn wir Gottesdienst feiern. Aber wir erleben ihn als den Kommenden, weil wir selbst nicht bei uns sind. Karl Valentin hat das treffend ausgedrückt: „Ich bekomme heute abend Besuch. Ich hoffe, daß ich daheim bin." Wir sind oft nicht bei uns daheim. Wir sind irgendwo mit unseren Gedanken und Gefühlen, gehen mit unseren Gedanken spazieren. Weil wir nicht bei uns sind, erleben wir Christus, der schon längst bei uns ist, als den Kommenden. Die Frage ist, ob dieser Jesus bei uns auch wirklich ankommt, ob er Erfolg hat mit seinem Klopfen oder ob ich sein Ankommen überhöre.

Das deutsche Wort „Abenteuer" kommt von advenire, Advent, Ankunft. Wenn Gott zu uns kommt, dann ist das ein Abenteuer für uns. Dann brechen unsere routinierten Gewißheiten und Sicherheiten zusammen. Es gibt zahlreiche Märchen, die davon erzählen, daß einer die Ankunft Gottes bei sich erwartet. Er bereitet ein festliches Essen vor. Aber da kommen ihm andere in die Quere. Ein Armer klopft an und bittet um Hilfe. Er wird weggeschickt. Ein Junge kommt, aber er stört beim Warten auf das Kommen Gottes. In Wirklichkeit ist Gott in diesen ärmlichen Menschen gekommen. Aber wir sind so sehr auf unsere Bilder von Gott fixiert, daß wir sein Kommen übersehen. Wir warten immer auf etwas Außergewöhnliches und merken gar nicht, wie Gott täglich zu uns kommt in Menschen, die uns um etwas bitten, in Menschen, die uns mit einem Lächeln beschenken. Jede Begegnung mit einem Menschen ist ein Abenteuer, ein Ankommen Gottes bei uns, das zu einem besonderen Ereignis wird, wenn wir offen dafür sind.

Samuel Beckett hat in seinem Drama „Warten auf Godot" das vergebliche Warten der beiden Landstreicher Wladimir und Estragon auf einen gewissen Herrn Godot beschrieben. Beide warten und warten, aber Godot kommt nicht. Sie wollen sich schon aufhängen. Aber es kommt nicht dazu, sie scheitern damit. Da sagt Estragon: „Und wenn er kommt?" Wladimir antwortet: „Sind wir gerettet." Das ist wahr: Wenn Gott zu uns kommt, dann sind wir gerettet. Das erhoffen heute viele Menschen. Aber sie warten vergeblich, daß Gott zu ihnen kommt. Sie erfahren sein Kommen nicht.

Gott kommt in jedem Augenblick. So sagen es die Mystiker. Die Frage ist, ob Du sein Kommen bemerkst. Er kommt zu Dir in den leisen Impulsen Deines Herzens. Da pocht er an Deine Türe. Da möchte er bei Dir eintreten. Aber vielleicht bist Du zu sehr mit Dir selbst beschäftigt, so daß Du sein Klopfen überhörst. Wenn Du bei Dir daheim, mit Dir in Berührung bist, dann kannst Du sein Pochen hören und ihn bei Dir einlassen. Wenn er eintritt in Dein Herz, dann bist Du gerettet, dann bist Du befreit von Deiner Entfremdung, von Deiner Zerrissenheit, dann kommst Du auf neue Weise zu Dir selbst, dann weißt Du, wer Du bist. Die Adventszeit möchte Dich einladen, bei Dir selbst anzukommen, damit Christus zu Dir kommen kann, in jedem Augenblick, aber auch am Ende der Zeit, wenn Deine Zeit zu Ende ist und Christus in seiner Herrlichkeit zu Dir kommt, damit Du für immer bei ihm bist und bei Dir, angekommen am Ziel Deines Suchens.

2. Warten

Warten ist die Haltung, zu der die Adventszeit uns immer wieder auffordert: „Seid wie Menschen, die auf die Rückkehr ihres Herrn warten, der auf einer Hochzeit ist, und die ihm öffnen, sobald er kommt und anklopft“ (Lk 12,36). Das Warten ist ein gespanntes Warten. Es gibt etwas zu erwarten: die Rückkehr des Herrn von der Hochzeit. Oder aber den Bräutigam selbst, wie es im Gleichnis von den klugen und törichten Jungfrauen beschrieben wird (vgl. Mt 25,1 ff). Warten erzeugt im Menschen eine gesunde Spannung. Wer wartet, schlägt nicht die Zeit vor Langeweile tot. Er ist auf ein Ziel hin ausgerichtet. Das Ziel des Wartens ist ein Fest, das Fest unserer Menschwerdung, der Selbstwerdung, unseres Einswerdens mit Gott. Aber nicht nur wir warten, Gott wartet auch auf uns. Er wartet, bis wir uns für das Leben und für die Liebe öffnen.

Das deutsche Wort „warten“ meint eigentlich, auf der „Warte“ wohnen. „Warte“ ist der Ort der Ausschau, der Wachtturm. Warten meint also: Ausschau halten, ob jemand kommt, umherschauen, was alles auf uns zukommt. Warten kann aber auch heißen: auf etwas achthaben, etwas pflegen, so wie der „Wärter“ auf einen Menschen aufpaßt und auf ihn acht gibt. Warten bewirkt beides in uns: die Weite des Blickes und die Achtsamkeit auf den Augenblick, auf das, was wir gerade erleben, auf die Menschen, mit denen wir gerade sprechen. Warten macht das Herz weit. Wenn ich warte, spüre ich, daß ich mir selbst nicht genug bin. Jeder von uns kennt das, wenn er auf einen Freund oder eine Freundin wartet. Er blickt jede Minute auf die Uhr, ob es noch nicht Zeit für ihr Kommen ist. Er ist gespannt auf den Augenblick, da der Freund oder die Freundin aus dem Zug aussteigt oder an der Haustüre klingelt. Und wie enttäuscht sind wir, wenn statt des Freundes jemand anders an der Haustüre steht. Warten erzeugt in uns eine prickelnde Spannung. Wir spüren, daß wir uns selbst nicht genug sind. Im Warten strecken wir uns aus nach dem, der unser Herz berührt, der es höher schlagen läßt, der unsere Sehnsucht erfüllt.

Heute können viele nicht mehr warten. Sie erleben die Adventszeit nicht als Zeit des Wartens, sondern schon als vorweggenommenes Weihnachten. Manche feiern ständig Weihnachten, anstatt Ausschau zu halten und das Herz im Warten auszustrecken nach dem Geheimnis von Weihnachten. Kinder können nicht warten, bis die Mutter das Tischgebet gesprochen hat. Sie müssen sofort essen, wenn etwas auf dem Tisch steht. Sie warten nicht, bis die Schokolade in den Einkaufskorb verstaut ist. Sie müssen sie schon essen, bevor sie noch an der Kasse des Supermarktes bezahlt ist. Die Leute vor der Kasse oder vor dem Fahrkartenschalter können nicht warten. Sie drängeln sich vor. Dabei geht es um etwas Wichtiges: Wer nicht warten kann, der wird nie ein starkes Ich entwickeln. Er wird jedes Bedürfnis sofort befriedigen müssen. Aber dann wird er völlig abhängig von jedem Bedürfnis. Warten macht uns innerlich frei. Wenn wir warten können, bis unser Bedürfnis erfüllt wird, dann halten wir auch die Spannung aus, die das Warten in uns erzeugt. Das macht unser Herz weit. Und es schenkt uns überdies das Gefühl, daß unser Leben nicht banal ist. Wir sehen dies, wenn wir auf etwas Geheimnisvolles warten, dann warten wir auf die Erfüllung unserer tiefsten Sehnsucht. Dann erkennen wir: Wir sind mehr als das, was wir uns selbst geben können. Warten zeigt uns, daß das Eigentliche uns geschenkt werden muß.

Vielleicht kannst Du Dich daran erinnern, wie es war, als Du auf etwas gewartet hast. Du hast Freunde zu einem Fest eingeladen. Wenn jemand zu früh kommt, dann stört das die Spannung Deines Wartens. Es geht Dir etwas verloren. Das Prickelnde des Wartens, die Vorfreude auf das gemeinsame Fest, das Sich-Bereiten für das Fest, fällt aus. Die Achtsamkeit, die zum Warten gehört, wird übersprungen. Du kannst nicht auf Dein Herz achtgeben, mit all den Erwartungen und Sehnsüchten, die da aufsteigen. Aber wenn noch keiner zum ausgemachten Zeitpunkt da ist, bist Du auch enttäuscht. Dann wird der Bogen des Wartens überspannt. Dann kommen Gedanken hoch wie: „Die mögen mich nicht. Für die bin ich nichts wert. Mit mir können sie so etwas machen. Anderes ist für sie wichtiger als ich." Was macht das Spannende des Wartens aus? Wie fühlst Du Dich, wenn Du auf das Kommen eines lieben Menschen wartest? Es tritt etwas Neues in Dein Leben. Du wirst beschenkt. Du freust dich auf den Menschen. Du fühlst Dich lebendig. Starke Gefühle steigen in Dir hoch. Du wartest nicht nur selbst. Du wirst auch erwartet. Wie fühlst Du Dich, wenn andere auf Dich warten, wenn Gott auf Dich wartet? Andere haben Erwartungen an Dich. Die Erwartungen können Dich einengen. Aber wenn keiner mehr etwas von Dir erwartet, fühlst Du Dich überflüssig. Die Adventszeit will Dich einladen, im Warten Dein Herz zu weiten und Dich als Erwarteten aufzurichten. Du bist wertvoll. Viele warten auf Dich. Gott wartet auf Dich, damit Du wahrhaft lebst.

Vielleicht spürst Du in jedem Warten etwas von Deinem kindlichen Warten auf Weihnachten. Ich kann mich noch gut daran erinnern, wie wir als Kinder am Heiligabend gewartet haben auf das Christkind, auf die Bescherung. Es war eine eigenartige Spannung. Wir gingen mit dem Vater durch die Dunkelheit spazieren, sahen in den Häusern überall Lichter brennen. Und dann mußten wir oben in den Schlafzimmern warten, bis die Weihnachtsglocke läutete. Es war ein geheimnisvolles Erleben, in das nur mit Kerzen beleuchtete Wohnzimmer zu gehen. Kindliche Situationen prägen sich tief in die Seele ein. Wir fühlen uns auch später immer dann daheim, wenn diese Gefühle von früher wieder angesprochen werden. Vermutlich ist bei jedem Warten eine Spur des weihnachtlichen Wartens dabei, die Ahnung, daß unser Leben durch das Kommen eines Menschen oder eines Ereignisses heller und heiler wird.

3. Sehnsucht

Advent ist die Zeit der Sehnsucht. Sehnsucht ist das liebende Verlangen nach dem, was unser Herz zutiefst erfüllen und befriedigen kann. Sie hat immer mit Liebe zu tun, mit dem Herzen, das durch die Sehnsucht weit wird. Für Augustinus ist die Sehnsucht eine Grundbefindlichkeit des Menschen. Der Mensch ist in seinem Wesen einer, der sich nach Gott sehnt. Das ist nicht immer offenkundig, aber in aller irdischen Sehnsucht klingt diese letzte Sehnsucht nach Gott mit. Wenn ich mich leidenschaftlich nach Erfolg sehne, nach Besitz, nach Reichtum, nach Anerkennung, so geht die Sehnsucht immer über das Erreichbare hinaus. Es gibt keine Anerkennung, die meine Sehnsucht völlig zufriedenstellen kann. Es gibt keinen Besitz, der mir völlige Ruhe verschaffen wird. In allem sehne ich mich letztlich nach Gott. Das hat Augustinus in der klassischen Formulierung ausgedrückt: „Unruhig ist unser Herz, bis es Ruhe findet in dir, mein Gott."

Wer seine Sehnsucht verdrängt, der wird süchtig. Sucht ist immer verdrängte Sehnsucht. Advent wäre die Zeit, unsere Süchte wieder in Sehnsucht zu verwandeln. Jeder von uns kennt Süchte, innere Abhängigkeiten. Da sind nicht nur die in die Augen fallenden Süchte wie Alkoholismus, Drogensucht, Medikamentenabhängigkeit, Arbeitssucht, Beziehungssucht, Sexsucht, Spielsucht. Sobald wir abhängig werden von einem Verhalten oder von einem Ding, bildet sich in uns eine Suchtstruktur aus. Wir können ohne das Verhalten oder ohne das bestimmte Ding nicht mehr sein. Die Kunst bestünde darin, daß wir unsere Süchte genau anschauen und die Sehnsucht darin entdecken, die uns zeigt, daß unser Verlangen über das Alltägliche und Banale hinausweist. Letztlich steckt darin die Sehnsucht nach Heimat und Geborgenheit, die Sehnsucht nach dem verlorenen Paradies. Das ist aber keine fehlerhafte oder ungesunde Entwicklung, kein Ausdruck von Unreife oder Regression. Es zeigt etwas anderes, nämlich eine Ahnung davon, daß wir uns nur dann dem Kampf des Lebens stellen können, wenn wir in uns selbst daheim sind und wenn wir Gott als das Geheimnis wahrnehmen, das in uns wohnt.

Wenn ich in der Adventszeit mit meiner Sehnsucht in Berührung komme, dann kann ich mich aussöhnen mit der Durchschnittlichkeit meines Lebens. Dann kann ich mich verabschieden von Illusionen, die ich mir von meinem Leben gemacht habe, etwa von der Illusion, daß mich mein Beruf völlig erfüllen müsse, daß meine Familie immer in Harmonie leben könne oder daß ich immer Erfolg haben und bei allen beliebt sein könnte. Viele halten hartnäckig an diesen Illusionen fest. Und wenn das Leben sie nicht erfüllt, dann verdrängen sie das dadurch, daß sie ihr Leben in rosigen Farben schildern. Wenn sie andern etwas erzählen, so übertreiben sie gerne. Sie stellen es immer spannender dar, als es ist. Alles in ihnen ist etwas Besonderes. Wenn sie von sich sprechen, so erzählen sie immer, wie außergewöhnlich der Prozeß ist, der in ihnen gerade abläuft. Sie wollen damit überdecken, daß sie in einer tiefen Krise stecken. Sie verschließen die Augen vor der Banalität ihres Lebens und halten durch eine übertriebene Beschreibung ihrer Situation die Illusion ihrer Besonderheit aufrecht.

Meine Sehnsucht hat eine positive Wirkung. Sie hält mich davon ab, mein Leben mit Erwartungen zu überfordern und Menschen mit meinen Wünschen zu erdrücken. Ich kann mich aussöhnen mit meinem Alltag, so wie er ist. Und ich kann die Menschen annehmen, wie sie sind. Das gilt von meinen Arbeitskollegen genauso wie für den Ehepartner. Die Sehnsucht führt mich über diese Welt hinaus. Es gibt in mir etwas jenseits der Welt, etwas, über das die Welt keine Macht hat. Die Sehnsucht befreit mich daher vom Verhaftetsein an die Welt. Ich akzeptiere, daß kein Mensch mir meine tiefste Sehnsucht erfüllen kann. Aus einer solchen Haltung heraus kann ich dem Menschen in Freiheit begegnen, ohne ihn durch überhöhte Erwartungen in ein festes Bild zu pressen. Die Sehnsucht ermöglicht mir eine vorurteilslose Offenheit andern gegenüber. So kann ich die Begegnung und die Beziehung genießen, ohne ständig mehr haben zu wollen. Der andere verweist mich auf Gott, ohne für mich Gott sein zu müssen.

Von Saint-Exupéry stammt das berühmte Wort: „Wenn du ein Schiff bauen willst, lehre die Menschen die Sehnsucht nach dem weiten Meer." In der Sehnsucht steckt also eine Kraft, die uns befähigt, Utopien ganz konkret anzugehen. Die Sehnsucht hat die Menschen des Mittelalters dazu angetrieben, hohe Dome zu bauen. Diese Baukunst lebte von der Sehnsucht. Die Musik lebt von der Sehnsucht. Sie öffnet ein Fenster zum Himmel. Jede Kunst ist letztlich Vorschein des Ewigen, noch nie Dagewesenen, Ausdruck der Sehnsucht nach dem ganz anderen. Sehnsucht hat die Kraft, Beton zu sprengen, den Panzer zu knacken, den wir um uns aufgebaut haben, um unempfindlich zu sein gegenüber der anderen Welt. Sehnsucht öffnet unsere enge Welt. Sie hält den Horizont über uns offen. Die Sehnsucht verschließt sich nicht den erschreckenden Tatsachen des Lebens. Sie setzt uns auf die Spur der Hoffnung, die uns der Realität ins Auge sehen läßt, ohne daran zu verzweifeln.

Frage Dich in der Adventszeit immer wieder einmal, was Deine tiefste Sehnsucht eigentlich ist. Wenn Du mit Deiner Sehnsucht in Berührung kommst, wird Dein Herz weit werden. Du wirst Dich frei fühlen, auch wenn alles um Dich herum eng ist.

Trau Deiner Sehnsucht nach Heimat und Geborgenheit, nach wahrem Leben und authentischer Liebe. Wenn Du die Adventslieder singst oder die Texte aus dem Propheten Jesaja hörst, dann lasse die Worte so in Dich einsinken, daß sie Deine Sehnsucht anstacheln. Deine Sehnsucht wird Dein Leben weiten und Dich an die Quelle des Lebens führen, die in Dir sprudelt und sich von der Enge der Steine um Dich herum nicht einengen läßt.

4. Wachen

Ein beliebtes Adventslied lädt uns ein: „,Wachet auf', ruft uns die Stimme". Aufwachen gehört zum Advent. Wir können Gottes Kommen nur wahrnehmen, wenn wir vom Schlaf aufstehen, wenn wir die Illusionen ablegen, die wir uns vom Leben gemacht haben. Der Advent, das ist keine Flucht in schöne Tagträume, sondern ein Aufwachen zur Wirklichkeit. Die eigentliche Wirklichkeit ist Gott. Aber weil wir meistens schlafen und uns in irgendwelchen Tagträumen herumtreiben, nehmen wir Gott nicht wahr, wie er Tag für Tag zu uns kommt, wie seine heilende und liebende Gegenwart uns überall einhüllt.

Aber es geht nicht nur um ein Aufwachen, sondern um das Wachen als Grundhaltung. Das deutsche Wort „wachen" bedeutet eigentlich „frisch, munter sein". Wer wachsam ist, der erlebt jeden Augenblick bewußt, der ist ganz gegenwärtig, der ist lebendig. Zur Wachsamkeit gehört die Nüchternheit. Wach ist einer, der sich nicht betäubt, weder durch Drogen noch durch Konsum oder durch Zerstreuung. In der Adventszeit betäuben sich viele durch die Hektik, die sie verbreiten. Da meinen sie, sie müßten alle Briefschuld erledigen, die sie während des Jahres vor sich her geschoben haben. Gegen diese Betäubung kannst Du versuchen, in der Adventszeit bewußt eine andere Haltung einzuüben, die Haltung der Nüchternheit und Wachheit. Wenn Du wach durch die belebten Fußgängerzonen der Städte gehst, wirst Du erkennen, wie unnötig das Getriebenwerden vieler ist, wie viele mit ihrer Hektik vor der eigentlichen Wirklichkeit davonlaufen. Die

Achtsamkeit und Wachheit werden Dich lehren, worauf es eigentlich an Weihnachten ankommt.

In der Adventszeit werden uns immer wieder die biblischen Mahnungen vorgelesen, daß wir wie die klugen Jungfrauen oder wie der treue Knecht wachen sollten, da wir nicht wissen, wann der Herr kommt. Der Herr kann kommen wie ein Bräutigam in der Nacht, der uns zum Fest einlädt. Wenn wir schlafen, versäumen wir das Fest unserer Menschwerdung, das Fest des Einswerdens mit Gott. Der Herr kann aber auch kommen wie ein Dieb in der Nacht: „Wenn der Herr des Hauses wüßte, zu welcher Stunde in der Nacht der Dieb kommt, würde er wach bleiben und nicht zulassen, daß man in sein Haus einbricht" (Mt 24,43). In der Nacht sollen wir wachen, denn der Herr meldet sein Kommen nicht an. Er kommt heimlich wie ein Dieb. Und nur wenn wir wach sind und in jeder Stunde mit seinem Kommen rechnen, können wir ihn in unser Haus aufnehmen.

Wachen ist nicht nur die Grundhaltung des Advents. Auch an Weihnachten hören wir von den Hirten, die ihre Nachtwache hielten. Weil sie wachen, wird ihnen die Frohe Botschaft von der Geburt des Messias verkündet. Selbst unvorhergesehenes Wachsein ist gut: Wenn Du einmal nachts aufwachst und nicht mehr schlafen kannst, dann wehre Dich nicht dagegen, sondern nimm diese Gelegenheit wahr, um bewußt zu wachen. Horche in die Nacht hinein, in die Stille, in Dein Herz! Was will Gott Dir sagen? Welchen Engel sendet er Dir, um Dir eine frohe Botschaft zu verkünden? Vielleicht erahnst Du dann, warum die Mönche so gerne Nachtwache gehalten haben. Denn gerade wenn wir nachts wachen, sind wir sensibel für das Geheimnis Gottes, das uns ergreifen möchte.

5. Tau

Für mich gehört seit meiner Kindheit das Lied „Tauet, Himmel, den Gerechten“ zur Erfahrung von Advent. Allerdings habe ich mir als Kind kaum Gedanken gemacht über das Bild des Taus. Es war etwas Geheimnisvolles, ein Bild, das das Herz ansprach, dessen Sinn mir aber fremd blieb. Und wie der Himmel den Gerechten tauen soll, war mir als Kind völlig fremd. Dennoch hat es mich fasziniert. Offensichtlich hat dieses Lied eine tiefe Sehnsucht in mir angesprochen und mir eine Ahnung vermittelt, daß alles besser werden wird, daß da etwas anderes in mein Leben einbricht, durch das es neu wird und richtig.

Für die Menschen in Palästina war der Tau ein wichtiges Symbol. Nachts fällt der Tau unmerklich und unsichtbar auf den trockenen Ackerboden. Ja die Wüste selbst ist morgens mit Tau übersät. In der frühen Morgensonne glitzert der Tau. Tautropfen sehen aus wie kostbare Perlen, in denen sich das milde Morgenlicht spiegelt. Bei den Griechen ist der Tau Symbol der Liebe, bei den Persern für die Jungfrau. Der Tau der Liebe befruchtet das verdorrte und vertrocknete Herz. Es beginnt wieder lebendig zu werden. Tau steht für das Jungfräuliche, Zarte, Unberührte, Unversehrte, Makellose. So wie Christus aus der Jungfrau geboren wird, so steht der Tau bei den Persern für die erneuernde und erlösende Kraft Gottes. Gott stellt im Tau das Ursprüngliche dieser Welt wieder her. Wenn die Hitze des Tages das Leben ausgedorrt hat, so fällt in der Nacht der alles erneuernde Tau Gottes auf uns und macht uns frisch. Er läßt neues Leben in uns entstehen. Für die Israeliten war der Tau ein Bild dafür, daß Gott selbst für die Menschen sorgt und das Verdorrte in uns mit dem zarten Tau seiner Liebe befruchtet, daß er neues Leben in uns hervorlockt.

Wenn Du im Sommer morgens durch eine taufrische Wiese wanderst, dann fühlst Du Dich frischer und lebendiger. Dein ganzer Leib wird erfrischt, wenn Du barfuß durch die Wiese läufst. Der Tau lädt Dich aber auch dazu ein, die Wiese einfach anzuschauen und über das Spiel des Lichtes in den Tropfen zu staunen. Es ist etwas Unberührtes. Du scheust Dich, dieses Geheimnisvolle zu zerstören. Es lädt Dich ein, einfach zu schauen, zu betrachten, zu staunen. Der Sommermorgen läßt die Seele wieder froh werden. Da kann man den Psalmvers gut verstehen: „Wenn man am Abend auch weint, am Morgen herrscht wieder Jubel" (Ps 30,6). Der Tau wischt die Sorgen des vergangenen Tages von der Seele ab und läßt sie wie neu erscheinen.

Im Adventslied singen wir, daß die Himmel den Gerechten herabtauen mögen, oder wie es im ursprünglichen Adventsruf heißt: „Tauet, ihr Himmel, von oben! Ihr Wolken, regnet herab den Gerechten!" (Vgl. Jes 45,8). Genauso wie wir uns nach dem Tau sehnen, der das Verdorrte in uns wieder zum Blühen bringt, so sehnen wir uns nach dem Gerechten, nach einem Menschen, der in sich richtig ist, stimmig, ohne Nebenabsichten, ohne Verfälschungen, ohne Trübungen. Wir sehnen uns nach dem Gerechten, der geradlinig seinen Weg verfolgt, der in sich gerade ist, der recht lebt. Vielleicht erlebst Du Dich als ungerecht. Vieles in Dir stimmt nicht. Selbst in Deine Nächstenliebe hinein mischen sich egoistische Motive. Du tust das Gute, um gesehen zu werden, um gut dazustehen. Aber das Gerechte, das Lautere, das Echte, das ganz und gar Stimmige ist weit von Dir entfernt. So sehnst Du Dich im Advent danach, daß der Gerechte auf das verdorrte Ackerreich Deiner Seele herabkomme, um auch Dich gerecht zu machen. Du sehnst Dich danach, gerecht zu sein, richtig zu sein, aufrecht durch dieses Leben zu gehen, ohne Dich nach den andern zu richten. Wenn die Himmel im Tau den Gerechten auf Dich herabregnen, dann kannst auch Du wieder richtig leben, gerecht werden, gerade, aufrichtig, aufrecht. Dann wird Dein Herz erfrischt vom Tau der göttlichen Liebe.

6. Wüste

Am Zweiten Adventssonntag hören wir: „Eine Stimme ruft in der Wüste: Bereitet dem Herrn den Weg! Ebnet ihm die Straßen!" (Mk 1,3f). Johannes tritt in der Wüste auf. Und die adventliche Stimme erklingt in der Wüste. Der Advent verheißt uns, unsere Wüste zu verwandeln, daß sie zu blühen beginnt. Die Wüste ist für uns heute ein Bild für unser Daseinsgefühl. Wir sprechen von einer Betonwüste in unseren Städten, von der Wüste in den menschlichen Herzen, wenn alles leer und öde geworden ist. Wüste ist ein Bild für die Einsamkeit, für das Alleingelassenwerden. Wüste heißt Sinnlosigkeit, ohne Beziehung sein, vertrocknet, ausgedörrt sein. Für die Mönche im 4. Jahrhundert war die Wüste der Ort der Dämonen, der Ort, an dem das Dunkle sich herumtreibt, an dem das Böse nach dem Menschen greift. Oder man kann im Blick auf heute sagen: der Ort, an dem die Zeitgeister herrschen, der Zeitgeist der Gewalt, des Mißtrauens, der Ausbeutung, der Zerstörung. Entsprechungen für das Wort Wüste sind: „öde, unbebaut, unbewohnt, einsam, wild, ungezügelt, häßlich, widerwärtig". Mit all diesen Wörtern wird auch unser heutiger Seelenzustand beschrieben. Wir spüren in uns Einsamkeit und Leere. Wir sind unbehaust, nirgendwo zu Hause. In uns sind wilde und ungezügelte Kräfte, die unser Gesicht häßlich erscheinen lassen. Die Wüste ist der Ort, an dem wir schonungslos mit uns und unserer widerwärtigen Wirklichkeit konfrontiert werden.

In dieser Wüste unseres Herzens sollen wir dem Herrn den Weg bereiten. Um den Weg für den Herrn bahnen zu können, müssen wir uns zuerst einmal hinauswagen in die eigene Wüste. Wir müssen all das Verdrängte, das Unterdrückte, das Schattenhafte in uns anschauen und Gott hinhalten. Gerade dort will Gott zu uns kommen, nicht auf den Prachtstraßen Babylons, nicht auf den Straßen unseres Erfolgs und unserer Leistungen. Wir möchten Gott gerne außerhalb von uns begegnen, in erbaulichen Gottesdiensten, in der Gemeinschaft von Gleichgesinnten. Doch Gott will uns gerade in unserer Wüste entgegenkommen. Dort will er uns antreffen, um mit uns das Fest der Erlösung zu feiern, um mit uns eins zu werden und alles in uns zu verwandeln. Nur wenn wir Gott in unsere Wüste hineinlassen, kann Wirklichkeit werden, was Jesaja uns verheißt: „Die Wüste und das trockene Land sollen sich freuen, die Steppe soll jubeln und blühen … In der Wüste brechen Quellen hervor, und Bäche fließen in der Steppe. Der glühende Sand wird zum Teich und das durstige Land zu sprudelnden Quellen" (Jes 35,1.6f). Mitten in unserer Wüste werden Quellen hervorbrechen. Aber die Wüste wird bleiben. Wir werden um die Quelle herum immer wieder in die eigene Wüste geraten und mit unserer inneren Leere konfrontiert. Aber der Advent verheißt uns, daß wir in unserer Wüste eine Quelle finden, aus der wir trinken können. Sie genügt, um unsere Wüste zu befruchten.

Die Wüste ist nicht nur der Ort der Leere und Sinnlosigkeit, der Versuchung und Anfechtung, sondern auch der Ort der ersten Liebe zwischen Jahwe und seinem Volk. Die Wüste ist der Ort der Gotteserfahrung und Gottesbegegnung. In der Wüste wirkt Gott zahlreiche Wunder. So wünsche ich Dir, daß Du in der Adventszeit den Mut aufbringst, in Deine Wüste hineinzugehen, daß Du dort aber auch erfahren darfst, daß Gott Dir nahe ist, daß Er Dich auf seinen Händen trägt, daß er immer wieder einen Engel schickt, so wie dem Elija, der in der Wüste am liebsten sterben wollte, weil er keine Lust mehr am Leben hatte. Ich wünsche Dir, daß Dich Dein Engel durch die Wüste geleitet und daß er Dir die Augen öffnet, damit du die Quellen entdeckst, die Deine Wüste erblühen lassen. Und ich wünsche Dir, daß Du mitten in Deiner Wüste Gott selbst erfährst als den, der auf Dich wartet, um mit Dir eins zu werden und in Dir zu wohnen.

7. Fasten

Zur Wüste gehört das Fasten. Mose hat in der Wüste vierzig Tage gefastet. Elija mußte vierzig Tage ohne Nahrung durch die Wüste wandern, bis er am Berg Horeb Gott erfahren durfte. Jesus hat in der Wüste gefastet. Das Fasten unterstützt die Wüstenerfahrung. In den Klöstern des Mittelalters hat man vom Martinsfest, dem 11. November, bis Weihnachten gefastet. Die Adventszeit war gleichsam eine zweite Fastenzeit. Durch Fasten hat man sich auf das Kommen des Herrn vorbereitet. Auch heute gibt es viele Menschen, die sich in der Adventszeit eine Woche herausnehmen, um zu fasten. Andere verzichten in dieser Zeit bewußt auf Alkohol oder Süßigkeiten, damit sie an Weihnachten Gottes gute Gaben neu genießen können. Das Weihnachtsgebäck war früher ja bewußt eine Stärkung für den Winter. Da gab es alle köstlichen Dinge, um damit auszudrücken, daß Gott in seinem Sohn den Menschen reichlich beschenkt hat.

Fasten will Leib und Seele reinigen. Früher hat man Fasten oft negativ als bloßen Verzicht gesehen. Wer Fastenerfahrung hat, der weiß, daß ihn eine Woche Fasten wacher und sensibler machen kann, daß er sich freier fühlt, lebendiger und offener. Aber die ersten Tage beim Fasten sind auch beschwerlich. Da muß ich mich bewußt dazu durchringen, mich innerlich darauf einstellen. Ich spüre den Hunger, und ich fühle mich zunächst müder als sonst. Aber nach drei Tagen ist das Hungergefühl weg, und ich erlebe mich wacher und freier. Ich brauche weniger Schlaf. Ich träume intensiver. Ich kann besser beten. Da fällt mancher Ballast nicht nur von meinem Leib, sondern auch von meiner Seele. Ich kreise nicht mehr um meine Probleme, sondern halte sie Gott hin. Fasten ist Ausdruck meiner Ohnmacht, daß ich die Probleme nicht selber lösen kann. Und indem ich mich in meiner Ohnmacht Gott überlasse, erfahre ich Gelassenheit und Freiheit.

Du kannst auch versuchen, in der Adventszeit bewußt einmal einen Tag für einen anderen Menschen zu fasten. Im Fasten kannst Du Dich mit ihm eins fühlen. Du denkst an ihn, was er braucht, was ihm gut täte, worunter er leidet und wonach er sich sehnt. Das Fasten erinnert Dich den ganzen Tag an den Menschen, für den Du fasten und beten willst. Es ist keine Fürbitte, die unverbindlich in den Gedanken formuliert wird. Es wird eine leibhafte Fürbitte. Du setzt Dich mit Deiner ganzen Existenz, mit Leib und Seele für den andern ein. Wenn ich für einen anderen faste und bete, wächst in mir die Hoffnung, daß sich im andern etwas verwandelt. Ich kann ihn mit neuen Augen anschauen und werde ihm auf neue Weise begegnen. Und ich spüre, wie dieses fastende Beten eine neue Verbundenheit zu ihm schafft. Du kannst ja einmal überlegen, für wen Du gerne fasten möchtest. Wer fällt Dir aus Deiner Umgebung ein? Vielleicht ist es Dein Ehepartner, mit dem das Gespräch so schwierig geworden ist oder der momentan mit sich nicht zurechtkommt? Vielleicht sind es die Kinder, die Wege gehen, die Du nicht verstehen kannst. Aber Du spürst auch, daß Du ohnmächtig bist. Deine Worte erreichen sie nicht. Oder Du kannst Dir überlegen, wer in Deiner Umgebung Angst hat vor dem Weihnachtsfest, wer am liebsten davor fliehen möchte. Ein Mann hat seine Frau verloren und weiß nicht, wie er ohne sie Weihnachten feiern soll. Eine Frau wurde von ihrem Mann verlassen. Weihnachten wird sie mit ihrer Einsamkeit konfrontiert. All die schönen Weihnachtsfeste, die sie zusammen mit ihm und mit der Familie gefeiert hat, zählen nicht mehr. Jetzt ist sie allein. Wenn Du für so einen Menschen fastest, wird Dir auch einfallen, wie Du ihm begegnen und welche Zeichen der Verbundenheit Du ihm schenken kannst.

8. Barbarazweige – Blumen im Winter

Am Fest der hl. Barbara ist es in vielen Gegenden Brauch, Kirschzweige abzuschneiden und in der Wohnung ins Wasser zu stellen. An Weihnachten werden sie dann aufblühen. Das ist seit alten heidnischen Zeiten so Sitte. Wenn mitten in der Dunkelheit und Kälte des Winters trockene Zweige Wasser bekommen, dann blühen sie auf und geben – zur Sonnenwende am 25. Dezember – ein Zeichen des Lebens. So steht es auch mit unserem Inneren: Wenn wir im Traum Bilder des Winters sehen, dann drückt auch dies immer den Zustand unserer Seele aus. In uns ist es kalt geworden. Das Herz ist kalt. Die Gefühle sind eingefroren. Es lebt nichts mehr in uns. Die Barbarazweige wollen unsere Hoffnung stärken, daß mitten in unserem Winter neues Leben aufblühen möchte. Eine Frau erzählte mir einmal einen Traum, daß sie durch eine Schneelandschaft gegangen sei. Auf einmal habe sie unter dem Schnee einen Löwenzahn gesehen und sich darüber gewundert. Im Gespräch über den Traum wurde ihr klar, daß der Schnee für ihre vereisten Gefühle stand, daß der Löwenzahn aber andeutete, daß in ihr der Frühling anbricht, daß neues Leben sich mitten im Schnee schon ankündigt. Das alte deutsche Weihnachtslied hat diese Symbolik aufgegriffen, wenn es singt: „Und hat ein Blümlein bracht mitten im kalten Winter, wohl zu der halben Nacht." Suche Dir in Deinem Garten Zweige, Kirschzweige oder Forsythienzweige, und stelle sie am Fest der hl. Barbara, am 4. Dezember, in einer großen Vase in Dein Zimmer. Dann erinnern sie Dich den ganzen Advent über daran, daß alles Kalte in Dir aufgebrochen wird und mitten im Winter in Dir eine Blume blühen wird. Die Barbarazweige sind nach einer alten Tradition Liebeszweige. Sie wollen Dir zeigen, daß die Liebe stärker ist als der Tod, daß die Liebe auch in Dir siegen wird, selbst wenn momentan alles in Dir kalt ist. Und die Zweige schenken Dir Hoffnung, daß auch in dem Menschen neben Dir, den Du so sehr liebst, bei dem aber alle Liebe erstorben zu sein scheint, die Liebe wieder aufblühen wird, daß die erkalteten und verhärteten Beziehungen wieder zum Leben kommen.

Die frühe Kirche hat einen alten heidnischen Brauch, Zweige in der warmen Wohnung ins Wasser zu stellen, christianisiert und so mit neuem Inhalt gefüllt. Man hat den Brauch mit der Gestalt der hl. Barbara verbunden. Barbara ist eine geheimnisvolle Heilige. Das sagt schon ihr Name, der „Ausländerin“ bedeutet. Der Barbar ist der, der die einheimische Sprache nicht spricht, der daher vor sich her stammelt. Christen verstehen sich hier in dieser Welt als „Ausländer“. Sie leben in dem Bewußtsein: Wir kommen aus einer anderen Welt. Wir sprechen eine andere Sprache als die oberflächliche Sprache unserer Zeit. In unserer Sprache ahnen wir, daß wir etwas zum Ausdruck bringen möchten, das so ganz anders ist als die vielen Informationen, auf die sich heute die Sprache zu beschränken scheint. Unsere Sprache möchte das Unaussprechliche, das Geheimnisvolle, das ganz Andere, das Göttliche, aussprechen und im Sprechen in unserer Welt anwesend sein lassen.

Die hl. Barbara war Tochter eines reichen Griechen. Der Vater wollte sie so erziehen, wie es seinem Bildungsideal entsprach. Er sperrte sie in einen Turm ein, damit sie ja nicht auf andere Gedanken komme. Doch Barbara läßt sich zwar in den Turm sperren, nicht aber in das enge Gedankengebäude ihres Vaters. Sie läßt Philosophen kommen, diskutiert mit ihnen und wird von der Richtigkeit des christlichen Glaubens überzeugt. Sie läßt sich taufen. Der Vater wird wütend und liefert sie dem Statthalter aus.

Doch sie kann entfliehen. Schließlich wird sie doch verraten und gefoltert. Nachts kommen Engel und heilen ihre Wunden. Und sie sieht am Morgen noch schöner aus als vor der Verwundung. Das ist ein eindrückliches Bild dafür, daß unsere Wunden verwandelt werden, wenn Gott uns seine Engel schickt. Engel bringen ihr im Gefängnis das Abendmahl. So geht sie gestärkt und mit innerer und äußerer Schönheit in den Tod. Sie gilt als Patronin der Sterbenden. Und sie wird mit dem Kelch dargestellt. Sie ist die Priesterin, in grünem Gewand, dem Gewand der Hoffnung und des neuen Lebens. Sie bringt göttliches Leben in das Gefängnis unserer Angst. Als Frau vermittelt sie uns, daß wir im Tod nicht in die Kälte und Dunkelheit hinein sterben, sondern in die zärtlichen Arme des mütterlichen Gottes. Als Priesterin deckt sie Gottes Spuren in unserem Leben auf, verbindet sie Göttliches und Irdisches, verwandelt sie uns, daß Gottes Leben auch in uns zur Blüte kommt.

So bedeuten für uns Christen die Barbarazweige noch mehr, als daß in der Kälte des Winters neues Leben aufblüht. Sie sind Zeichen der Hoffnung, daß durch Christus auch unser Leben immer fruchtbar ist, selbst wenn wir uns wie im Gefängnis fühlen, selbst wenn wir verletzt werden, selbst wenn wir abgelehnt und ausgestoßen werden. Die grünen Gewänder der hl. Barbara zeigen uns, daß in uns die Grünkraft, die viriditas der hl. Hildegard von Bingen, ist, die das Leben in uns immer wieder erneuert. Und dieses Leben wird auch im Tod nicht zerstört. Barbara begleitet uns mit ihrer Liebe und Zärtlichkeit durch den Tod hindurch zu Gott. Sie bringt in die Kälte des Winters die Wärme der Liebe, die selbst das Tote in uns wieder aufblühen läßt.

9. Nikolaus

Der Nikolaustag gilt als Fest der Kinder. Doch bei aller Verfälschung, die dieser Heilige im Laufe der Zeit erfahren hat, wäre es wichtig, das eigentliche Geheimnis dieses Menschen zu erahnen. Nikolaus ist in Rußland neben Maria der meistverehrte Heilige. Offensichtlich sind die Menschen von ihm so fasziniert, daß sie ihn immer wieder auf Ikonen darstellen. Ich selbst habe in meiner Zelle eine Nikolausikone. Da begegnet mir ein Mensch, der ganz und gar Liebe geworden ist, der Milde und Güte ausstrahlt. Nikolaus stellt den väterlichen Menschen dar, der zupackt, wenn Menschen in Not sind, der Mitleid hat, der unauffällig hilft. Er gilt in vielen Gegenden als einer, den man in seiner persönlichen Not ansprechen kann.

Wenn wir die Legenden anschauen, die sich um seine Person ranken, so haben sie alle eine tiefe Bedeutung für unser Leben. Als Nikolaus erfährt, daß ein verarmter Nachbar seine drei Töchter in ein Bordell verkaufen will, wirft er dreimal hintereinander einen Klumpen Gold durchs Fenster, damit jede Tochter eine ausreichende Mitgift für die Heirat hat. Er spürt, welche Not es für einen Vater bedeutet, seine Töchter zu benutzen, damit er selbst überleben kann. Er greift ein, damit die Töchter ihren Weg gehen können und nicht mehr vom Vater für die eigenen Zwecke eingesetzt werden. Gegenüber dem negativen Vaterbild stellt Nikolaus das Bild des Vaters dar, der seine Kinder freiläßt, der ihnen ermöglicht, der eigenen Sehnsucht zu folgen.

Eine Frau eilte zur Kirche, um sich von dem Gerücht zu überzeugen, daß Nikolaus zum Bischof gewählt worden sei. Als sie wieder nach Hause kam, fand sie das Kind, das dem Herd zu nahe gekommen war, völlig verbrannt. Sie trägt es zu Nikolaus. Der segnet es. Und es wird wieder gesund. Hier ist es die Mutter, die ihr Kind vernachlässigt, weil ihr die Neugier wichtiger ist. Sie ist so sehr mit sich beschäftigt, daß sie ihr Kind vergißt. Nikolaus vertritt als väterlicher Mensch hier auch die Mutter, er hat auch mütterliche Züge. Er schafft ein Klima, in dem Kinder heil werden können.

Nikolaus tritt für drei unschuldig verurteilte Bürger ein. Er entreißt dem Henker das Schwert und verlangt vom Richter, er solle die Gründe für die Verurteilung bekannt geben. Der Richter kniet zitternd nieder und bekennt seine Schuld und bittet zugleich, dem Kaiser die Sache nicht anzuzeigen. Ähnlich tritt der Bischof für drei verurteilte Hauptleute des Kaisers ein. Er ist der gerechte Mensch. Er kann nicht mit ansehen, wenn Menschen unschuldig verurteilt werden. Er ist der Vater, der jedem seiner Kinder gerecht wird, der jedem Recht verschafft, damit er richtig leben kann.

Wenn Du Dich selbst im Licht dieser Legenden anschaust, kannst Du Dich fragen, wo Du Deine Kinder oder Freunde für Dich benutzt und wo Du sie freiläßt, wo Du Deine väterliche oder mütterliche Seite vernachlässigst. Und Nikolaus will Dir Mut machen, zu Deinen väterlichen und mütterlichen Seiten zu stehen. In Dir ist das archetypische Bild des Vaters, der andern den Rücken stärkt und sie zum Leben ermutigt. In Dir ist das Bild der Mutter, die andern Geborgenheit und Heimat schenkt, die sie nährt und ihre Wunden heilt. Und in Dir ist der lautere und gerechte Mensch, der einen Blick hat für die Not anderer. Der Brauch, am Nikolaustag andere Menschen mit Süßigkeiten zu beschenken, ist durchaus sinnvoll. Schaue nicht nur auf Dich, sondern auch auf die, die unter der Bitterkeit ihres Lebens leiden. Vielleicht weckt Nikolaus in Dir die Phantasie, wie Du ihr Leben versüßen kannst.

10. Maria Immaculata

Mitten in der Adventszeit feiert die katholische Kirche ein Fest, an dem ein wichtiger Aspekt von Weihnachten aufscheint. Es ist ein Fest, mit dem viele nur wenig oder gar nichts anfangen können: das Fest der ohne Erbsünde empfangenen Gottesmutter Maria. Wenn wir das Dogma, daß Maria im Blick auf Christus ohne Erbsünde empfangen wurde, in unsere Wirklichkeit hinein übersetzen, dann heißt es, daß auch wir im Blick auf Christus ohne Erbsünde sind. Dort, wo Christus in uns ist, hat die Sünde keine Macht. In dem inneren Raum in uns, in dem Christus wohnt, haben Sünde und Schuld keinen Zutritt; da ist die Sünde entmachtet. In Maria meditieren wir unser eigenes Wesen, das Geheimnis unserer Erlösung durch Jesus Christus. So wie wir in Maria den lauteren Menschen feiern, der ohne Intrigen und Nebenabsichten ist, der sich ohne Hintergedanken auf Gott einläßt, so glauben wir auch, daß in uns etwas Lauteres und Reines, etwas Unbeflecktes und Unversehrtes ist. Wir sollen uns nicht ständig als Sünder fühlen, sondern als Menschen, die Gott in Jesus Christus verwandelt hat.

Es ist ein optimistisches Fest, das die Kirche da feiert. Es entspricht dem Glanz, der von Weihnachten ausgeht. Es läßt das Licht von Weihnachten in unsere Gebrochenheit hinein leuchten. Wir erleben uns oft genug nicht als lauter und makellos. Auch wenn wir etwas Gutes tun, haben wir Nebenabsichten, möchten wir bei andern gut ankommen, wollen wir gesehen werden. Wir wissen um unsere Tendenz, uns besser darzustellen, als wir sind. Selbst in unsere Nächstenliebe schleichen sich egoistische Motive ein. In Maria schauen wir das Geheimnis unserer eigenen Erlösung. In uns sind nicht nur die Trübungen und Verfälschungen, in uns ist auch ein lauterer und reiner Kern, etwas, das von Schuld und Sünde nicht infiziert ist. Die Festtagslesung aus dem Epheserbrief drückt das so aus: „In Christus hat Gott uns erwählt vor der Erschaffung der Welt, damit wir heilig und untadelig (immaculati) leben vor Gott" (Eph 1,4). Dort, wo Christus in uns ist, sind wir ohne Makel. Auch wenn wir um unsere Lügen und hinterlistigen Schliche wissen, so dürfen wir doch darauf vertrauen, daß in uns etwas ganz lauter und rein ist. Etwas in uns ist heil, ist ganz und gar durchlässig für Gottes Liebe. Dort, wo Christus in uns ist, haben unsere Schuldgefühle, mit denen wir uns oft genug zerfleischen, keinen Zutritt. Da haben die Selbstentwertungen und Selbstbeschuldigungen keine Chance, einzutreten. Dort sind wir im Einklang mit uns selbst.

In einigen katholischen Gegenden Deutschlands ist der Brauch des Marientragens üblich. In letzter Zeit wird er in vielen Pfarreien wieder neu belebt. Da trägt eine Familie eine Marienstatue in das Haus einer anderen Familie. Beide Familien feiern dabei ein kleines Ritual. Sie lesen etwa den Text von der Begegnung Mariens mit Elisabet (vgl. Lk 1,39–56), beten miteinander und singen ein Lied. Dann bleibt die Statue einen Tag in dieser Familie an einem Ehrenplatz. Sie erinnert die Familie daran, daß jeder von uns Maria ist, daß jeder von uns in diesen Tagen des Advents schwanger ist vom Wort Gottes. Und Maria weist uns darauf hin, daß auch wir mitten im Trubel der Vorweihnachtszeit in uns einen Raum der Stille tragen, in dem Gott in uns wohnt. Die Marienstatue will der Familie sagen, daß trotz aller Konflikte in jedem ein guter Kern ist, der ungetrübt ist durch die Spannungen und Mißverständnisse, der lauter und makellos ist. Indem die Familie auf die Marienstatue in ihrer Mitte schaut, bekommt sie neue Augen füreinander, Augen, die nicht auf die

Fehler des andern fixiert sind, sondern Augen des Glaubens, die der Lauterkeit des andern trauen, die hinter der oft unausstehlichen Fassade des andern die Sehnsucht entdecken, heilig und heil zu sein, rein und makellos, unversehrt und ungetrübt. So möchte der Brauch des Marientragens die Trübungen klären, die unser Miteinander erschweren, und unsere Hoffnung stärken, daß in jedem von uns Christus geboren wird. Und dort, wo Christus in uns geboren wird, dort hat die Sünde keinen Zutritt, dort sind wir heilig und rein.

11. Adventskranz

Der Kranz galt schon in der Antike als Sieges- und Ehrenzeichen. Er wurde dem Sieger auf den Kopf gesetzt und vielfach geschmückt. Der Adventskranz ist Zeichen der Huldigung an den kommenden Herrn. Wenn er in seiner Herrlichkeit kommt, gebührt ihm das Siegeszeichen des Kranzes. Der Siegeskranz der Antike hat im Christentum noch eine andere Bedeutung erhalten. Er ist Zeichen des errungenen Heils, Zeichen, daß unser Leben durch Jesus Christus ganz wird und heil. Er ist die Verheißung, daß unser Leben, das oft genug zerrissen ist, das auseinanderfällt, weil so vieles beziehungslos nebeneinander liegt, wieder ganz und rund wird. Am Ende des alten Jahres und zu Beginn des Kirchenjahres will der Adventskranz in uns die Hoffnung stärken, daß unser Leben gelingen wird. Auch wenn vieles im vergangenen Jahr mißlungen ist, durch die Sammlung in Stille und Gebet kann es verwandelt werden, kann es dem Lebensganzen so eingefügt werden, daß sich alles in uns abrundet.

Der Adventskranz hat vier Kerzen. Ursprünglich sind es reine Zählkerzen, die die vier Sonntage angeben. Jeden Sonntag wird eine weitere Kerze angezündet, so daß die Erwartung auf Weihnachten durch die wachsende Zahl der brennenden Kerzen gesteigert wird. Aber Vier ist auch eine symbolische Zahl. Vier ist die Zahl der Elemente und der Himmelsrichtungen. Die Symbolzahl Vier ist als Quadrat der Inbegriff alles Geordneten. Wenn vier Kerzen auf dem runden Kranz brennen, dann ist das die Einheit aller Gegensätze: das Runde und das Quadratische werden miteinander eins. Als Quadratur des Kreises bezeichnen wir schließlich umgangssprachlich eine unmögliche Aufgabe, etwas, was unsere Kräfte übersteigt. Was wir nicht zusammenfügen können, das gelingt Christus, wenn er zu uns kommt, wenn er in unser Herz eintritt.

Die Bibel kennt an vielen Stellen die Vier als heilige Zahl. Im Paradies entspringen vier Ströme. Es gibt die vier Evangelisten mit ihren vier Symbolen. Der Gottesname Jahwe wurde mit vier Buchstaben aufgeschrieben. Der Adventskranz hat die Form eines Mandalas, das ja auch aus Kreis und Viereck besteht. Das Mandala ist ein kreisförmiges Bild, das man in Indien meditiert, um mit dem Göttlichen eins zu werden. Für C. G. Jung ist es ein Bild für die Selbstwerdung und Ganzwerdung des Menschen. Die Zahl Vier ist für Jung Ausdruck unserer Vollständigkeit: Hier prallen die Gegensätze aufeinander, sind aber zugleich miteinander versöhnt. Die Vierheit gehört für Jung zu den archetypischen Bildern, die der Seele innewohnen und den Prozeß der Selbstwerdung vorantreiben.

Vier ist auch die Zahl der Vorbereitung auf die Wandlung. Die Israeliten müssen vierzig Jahre durch die Wüste ziehen, um ins Gelobte Land einzuziehen. Vierzig Jahre braucht der Mensch, um in der Krise der Lebensmitte zu seinem eigentlichen Kern zu finden. Vierzig Tage fastet Jesus, und wir tun es in der Fastenzeit ihm gleich. Die vier Wochen Vorbereitung auf Weihnachten symbolisieren die Zeit des Wartens auf die Verwandlung. Es wäre sinnvoll, wenn Du die Kerze auf Deinem Adventskranz am Samstagabend vor jedem Adventssonntag in einem eigenen kleinen Ritual anzündest. Du könntest Deine Familie dazu einladen, die sich dann um den Adventskranz setzt. Ihr könnt zusammen Adventslieder singen und einen prophetischen Text aus dem Propheten Jesaja vorlesen. Und Ihr könntet miteinander still werden, in die brennende Kerze schauen. Das sammelt die Familie, das schafft mitten in der Hektik des Advents einen Ruhepunkt, der das Eigentliche des Advents aufzeigt, das gemeinsame Warten auf das Licht, das alle unsere Finsternis erleuchtet, auf Jesus Christus, der die Dunkelheit unserer Herzen vertreibt. Es wäre auch sinnvoll, vor dem Adventskranz darüber zu sprechen, wie Ihr gemeinsam die Adventszeit gestalten wollt oder was jeder einzelne sich vorgenommen hat, damit er Weihnachten dieses Jahr bewußter als sonst feiern kann.

12. Kerze – Licht

In der Adventszeit setzen wir uns gerne vor eine brennende Kerze, um in ihrem Licht Ruhe zu finden. Seit jeher haben Kerzen eine besondere Anziehungskraft auf Menschen ausgeübt. Das Kerzenlicht ist ein mildes Licht. Gegenüber der grellen Neonbeleuchtung erhellt die Kerze unsern Raum nur teilweise. Es läßt manches im Dunkel. Und das Licht ist warm und angenehm. Die Kerze ist keine funktionelle Lichtquelle, die alles gleichmäßig ausleuchten muß. Vielmehr spendet sie ein Licht, das von vornherein die Qualität des Geheimnisvollen, des Warmen, des Liebevollen in sich birgt. Im Kerzenlicht kann man sich selbst anschauen. Da sehe ich mit einem milden Auge auf meine oft so harte Realität. In diesem zarten Licht wage ich es, mich wahrzunehmen und mich Gott hinzuhalten. Da kann ich mich selbst annehmen.

Das Licht der Kerze erhellt nicht nur, es wärmt auch. Es bringt mit der Wärme Liebe in Dein Zimmer. Es erfüllt Dein Herz mit einer Liebe, die tiefer und geheimnisvoller ist als die Liebe der Menschen, mit denen Du Dich verbunden weißt. Es ist eine Liebe, die aus göttlicher Quelle strömt, eine Liebe, die nie versiegt, die nicht so brüchig ist wie die Liebe zwischen uns Menschen. Wenn Du dieses Licht in Dein Herz dringen läßt, dann kannst Du Dir vorstellen, daß Du ganz und gar geliebt bist, daß die Liebe alles in Dir liebenswert macht. Es ist letztlich Gottes Liebe, die Dir da entgegenleuchtet. Das Licht der Kerze entsteht, indem das Wachs verbrennt. Das ist ein Bild für eine Liebe, die sich verzehrt. Sie kann das tun, weil genügend

Wachs vorhanden ist. Sie braucht nicht zu sparen. Aber manchmal muß man den Docht zurechtschneiden. Sonst wird die Flamme zu hoch und rußt das Zimmer ein. So gibt es auch eine Liebe, die zu laut ist, in der Du Dich verausgabst. Sie tut dann nicht nur Dir, sondern auch dem andern nicht gut. Er spürt den Ruß in der Liebe, die Nebenabsichten, das zu sehr Gewollte und Gemachte, das den andern nicht erhellt, sondern eher verdunkelt.

Die Kerze besteht aus zwei Elementen: aus der Flamme, die das Geistige symbolisiert, da sie zum Himmel emporsteigt. Von Mönchsvätern in der Wüste wird erzählt, daß ihre Finger beim Beten zu Feuerflammen wurden. So ist die brennende Kerze ein Bild für unser Beten. Es ist ein beliebter Brauch, daß Pilger am Wallfahrtsort eine Kerze entzünden und sie auf den Altar oder vor eine Marienstatue stellen. Sie drücken damit ihren Glauben aus, daß ihr Gebet weitergeht, solange die Kerze brennt. Und sie hoffen, daß durch ihr Gebet Licht in ihr eigenes Leben kommt und in das Herz der Menschen, für die sie diese Kerze anzünden. Das zweite Element der Kerze ist das Wachs, das verzehrt wird. Für die frühe Kirche war daher die Kerze ein Symbol für Christus, der zugleich Gott und Mensch ist. Das Wachs ist Bild für seine menschliche Natur, die er aus Liebe für uns hingab. Und die Flamme steht für seine Göttlichkeit. So erinnern uns die Kerzen, die wir im Advent und an Weihnachten anzünden, an das Geheimnis der Menschwerdung Gottes in Jesus Christus. In der Kerze ist Christus selbst mitten unter uns. Und es ist Christus, der mit seinem Licht unser Haus und unser Herz erhellt und es mit seiner Liebe erwärmt. Die Göttlichkeit Jesu leuchtet gerade in seiner menschlichen Natur auf. So ist die Kerze auch ein Geheimnis unserer eigenen Menschwerdung. In unserem Leib möchte Gottes Licht in dieser Welt aufstrahlen. Seit der Geburt Jesu in der Nacht unserer Welt leuchtet Gottes Licht in jedem menschlichen Antlitz auf. Ich wünsche Dir, daß Du in der Adventszeit für viele Menschen zum Licht wirst, das einen milden Schein wirft auf alles, was sie in sich selbst nicht anschauen möchten. Dann wirst Du wie die Kerze für sie zu einer Quelle des Lebens und der Liebe.

13. Nacht – Weihnacht

Die Nacht ist seit alters her angstbesetzt. Kinder haben Angst vor der Nacht, vor der Dunkelheit, in der sie sich allein gelassen fühlen. Sie haben Angst vor den Träumen, in denen manchmal Bären und Hunde, Schlangen und Löwen auftauchen und sie bedrohen. Sie brauchen daher Gute-Nacht-Rituale, um die Angst vor dem Unbekannten und Bedrohlichen der Nacht zu bannen. In der Antike hatte man Angst vor dem Bösen, das in der Nacht umherschleicht, vor Räubern und Wegelagerern, die die Gegend unsicher machen, vor Dämonen, die nachts in den Träumen ihr Unwesen treiben. Mehr noch: In der Nacht traut man seinem eigenen Herzen nicht. Da fürchtet man sich davor, daß die Dämonen das Herz besetzen und einen zu Taten drängen, deren man sich am Tag schämen würde. Die Germanen hatten vor allem in den zwölf Rauhnächten zwischen dem 25. Dezember und dem 6. Januar Angst vor dem wilden Heer Wodans, das durch die Wälder stürmte, vor den Toten, die umgingen, und vor allerhand unberechenbaren Mächten, die ihr Unwesen trieben.

Heute können wir durch einen Knopfdruck die Nacht zum hellen Tag werden lassen. Aber dennoch steckt auch in uns noch die Angst vor der Dunkelheit der Nacht. Die Nacht ist heute zum Symbol geworden. Da sagt jemand, um ihn herum sei nur Nacht. Sein Leben sei ihm zusammengebrochen, alles sei sinnlos. Die Nacht steht für die Depression, in die Menschen immer wieder geraten. Auf einmal wird es dunkel in einem wie in einem Tunnel. Alles ist schwarz, leer, sinnlos. Man sieht kein Ende des Tunnels. Man fühlt sich wie gelähmt. Und viele Depressive haben daher besonders Angst vor der Nacht. Sie können nicht schlafen und wälzen sich ruhelos im Bett. Nacht ist auch ein Bild geworden für einen spirituellen Zustand. Johannes vom Kreuz spricht von der dunklen Nacht der Seele, durch die der Mensch auf seinem geistlichen Weg hindurch muß. In dieser Nacht ist Gott ihm ferne. Er spürt ihn nicht. Alle seine geistlichen Erfahrungen, die er gemacht hat, sind wie weggeblasen. Bei Paulus ist die Nacht Symbol der Gottferne und des unbewußten Lebens. In Christus gehören wir „nicht der Nacht und nicht der Finsternis. Darum wollen wir nicht schlafen wie die anderen, sondern wach und nüchtern sein. Denn wer schläft, schläft bei Nacht, und wer sich betrinkt, betrinkt sich bei Nacht. Wir aber, die dem Tag gehören, wollen nüchtern sein" (1 Thess 5,5–8).

Gerade weil die Nacht etwas so Gefährliches und Bedrohliches ist, haben die Menschen seit jeher versucht, die Nächte in etwas Heiliges zu verwandeln. Schon die Mysterienkulte haben daher ihre Weihen in der Nacht gefeiert. Ostern wird in der Nacht gefeiert, da Christus die Dunkelheit des Grabes überwunden hat. Weihnacht hat ihren Namen von der „Geweihten Nacht". Schon die Germanen kannten die geweihten, die heiligen Nächte. Für sie waren es die Mittwinternächte. Mitten im Winter, wenn die Nächte am längsten dauern, haben sie die Nacht den Göttern geweiht, haben sie sie heilig gemacht. In den zwölf Rauhnächten haben sie ihre Häuser und Höfe mit Amuletten, Räucherwerk und Beschwörungen zu schützen gesucht. Und sie haben die Götter gebeten, sie sollten die gefährlichen Nächte heilen, so daß sie nicht mehr Unglück bringen, sondern Heil, Glück, Gesundheit, Rettung. Das deutsche Wort „heilig" meint nicht nur heil und ganz, sondern geht vermutlich auf die Vorstellungsinhalte von „Zauber, günstiges Vorzeichen, Glück" zurück. Wenn man die Nächte weihte, wollte man sie verzaubern, daß sie Glück bringen.

Die Christen im germanischen Raum haben daher das Geheimnis der Geburt Christi mit dem bei ihren Vorfahren üblichen Wort der „Weihnacht“ am besten auszudrücken vermocht. Wenn Christus mitten in der Nacht geboren wird, dann wird unsere Nacht wirklich verzaubert, dann wird sie zu einer glückbringenden Nacht, zu einer „Weihe-Nacht“. Weil die Kirche ihre Weihnachtsbotschaft bewußt in die Angst der Germanen vor den Rauhnächten hineingesprochen hat, hat sie die germanische Seele tief berührt. Daher ist es verständlich, wenn im germanischen Bereich Weihnachten sich tiefer in die Herzen eingegraben hat als Ostern, das doch das höchste christliche Fest ist. Offensichtlich wurde mit dem Bild der „Weihe-Nacht“ eine befreiende und heilende Antwort auf die Angst der Germanen vor ihren dämonischen Nächten gegeben. Sie mußten ihre Nächte nicht mehr selbst mit allerlei komplizierten Ritualen befreien. Christus hat ihre Nacht verwandelt, da er als Licht die Nacht für immer erleuchtet.

Halte das Licht von Weihnachten bewußt in Deine Nacht, in die Nacht Deiner Depression, in die Nacht Deiner Sinnlosigkeit, in die schlaflosen Nächte, da Du Dich nach dem Morgen sehnst. Und stelle Dir vor, daß auch Deine Nacht zur Weihe-Nacht wird, zur geweihten Nacht, zur heiligen Nacht. In Deiner Nacht will Christus zu Dir kommen, um mit Dir das Fest der Hochzeit, das Fest Deiner Ganzwerdung zu feiern, so wie er es mit den fünf klugen Jungfrauen gefeiert hat. Die klugen Jungfrauen haben nicht die ganze Nacht gewacht. Sie sind eingeschlafen. Aber sie haben mit den Lampen Öl mitgenommen. Du brauchst nur das Licht Deines Bewußtseins mitnehmen, damit Du in Deiner Nacht den erkennst, der Deine Nacht verzaubern, verwandeln, heiligen will.

14. Trost

Immer wieder hören wir im Advent von Trostworten. Georg Friedrich Händel beginnt seinen „Messias“ mit den Worten, die ihn offensichtlich selbst getröstet und aus seiner Depression herausgerissen haben: „Tröste dich, tröste dich, mein Volk, spricht dein Gott. Redet freundlich, Boten, mit Jerusalem und prediget ihr, daß die Knechtschaft nun zu Ende und ihre Missetat vergeben“ (Jes 40,1 f). Für mich gehört es zu meinen Adventsritualen, mir den Beginn des „Messias“ am Ersten Adventssonntag anzuhören und durch die Musik den Trost dieser Worte in mein Herz fallen zu lassen. In meiner Internatszeit hat mich der Gesang des „Rorate coeli“ (Tauet, ihr Himmel) und vor allem die vierte Strophe „Consolamini, consolamini“ (Tröste dich, tröste dich) immer tief angerührt. Die Choralmelodie hat mir diesen Text zu Herzen gehen lassen. Da wuchs in mir eine Ahnung davon, daß das Kommen Christi mich trösten kann, daß Christus selbst mein Trost sein wird. In einem Adventslied wird der verheißene Messias als unser Trost besungen: „Wo bleibst du, Trost der ganzen Welt, darauf die Welt all Hoffnung stellt?“

Trost kommt von Treue und bedeutet innere Festigkeit. Wenn Gott zu mir kommt in seinem Sohn, dann bekommt mein Leben einen neuen Stand, dann hört der Boden unter mir auf, zu wanken und zu schwanken. Dann habe ich einen festen Grund, auf dem ich stehen kann. Trost hat auch mit Trauen zu tun. Wenn Gott mich tröstet, traue ich mich zu leben, dann wird mein Ort, an dem ich bin, zu einem trauten Ort, zu einem Ort des Vertrauens, zu einem Ort, an dem ich daheim sein kann. Gott tröstet mich in meiner

Trauer. „Trauern" kommt von „fallen, matt und kraftlos werden". Der Trost gibt mir Halt in meiner Kraftlosigkeit. Er schenkt mir wieder Kraft und Festigkeit, einen festen Boden, auf dem ich stehen kann. Karl Rahner spricht von der „getrösteten Trauer". Nur weil unsere Trauer getröstet ist, können wir sie zulassen. Die Adventszeit lädt Dich ein, beides anzuschauen, Deine Trauer über die vielen verpaßten Chancen, über Dein Zurückbleiben hinter Deinem Lebensentwurf, und zugleich den Trost dessen, der zu Dir kommt, um Dich zu einem neuen Anfang zu ermuntern.

Das lateinische Wort „consolari = mit dem Einsamen sein" weist Dich noch auf einen anderen Aspekt des Trostes hin, den Du im Advent erwartest. Gott kommt zu Dir in Deiner Einsamkeit, damit Du Dich nicht länger alleine fühlst, sondern getröstet, zusammen mit dem Einen, nach dem Du Dich sehnst. Die Adventszeit läßt Dich erahnen, daß Du nie mehr alleine sein wirst. In Deine Dunkelheit tritt Gott als das Licht, das alles erleuchtet. In Deine Einsamkeit kommt Gott als der Tröster, der mit Dir ist, der mit Dir fühlt, der Dich versteht, der zu Dir hält. Weil Deine Einsamkeit durch Gottes Nähe verwandelt wird, wird der Trauerort zum trauten Ort, zum Raum des Trostes, in dem Du Dich daheim fühlst.

Es ist ein eigenartiges Gefühl von Heimat, das der Advent mit diesem Bild des Trostes in uns auslöst. Es ist nicht das Daheimsein von Weihnachten, von Feiern und Fröhlichkeit. Es ist vielmehr das Daheimsein trotz aller Dunkelheit, trotz aller Einsamkeit, trotz allen Unverstandenseins, trotz aller Verletzungen und Kränkungen. Am trauten Ort bin ich vertraut mit der Gebrochenheit meiner Existenz, dort traue ich mich, meine Wahrheit ungeschönt anzuschauen, weil ich in meiner Trauer getröstet bin, weil ich durch meine Trauer hindurch zu dem Trost finde, auf dem ich fest stehen kann, „den Trost ob allen Dingen".

15. Stille

Der Advent wird die stille Zeit genannt. Aber viele erleben ihn eher als hektisch und laut. Da hetzen die Leute durch die Geschäfte, um ihre Weihnachtseinkäufe zu erledigen. Und doch braucht es die Stille, damit Gott bei uns eintreten kann. Ohne Stille werden wir Gottes Kommen nicht wahrnehmen, werden wir sein Klopfen an der Türe unseres Herzens überhören.

Das deutsche Wort „still“ kommt von „stellen, unbeweglich stehen“. Es braucht also das Innehalten, um stille zu werden. Ich muß aufhören, herumzulaufen und zu hetzen. Ich muß stehenbleiben, bei mir bleiben. Wenn ich stillhalte, dann werde ich zuerst mir selbst begegnen. Da kann ich meine Unruhe nicht mehr nach außen verlagern. Ich werde sie in mir wahrnehmen. Nur wer seiner Unruhe standhält, kommt zur Stille. „Still“ hat auch mit „stillen“ zu tun. Die Mutter stillt das Kind, bringt das vor Hunger schreiende Kind zur Ruhe. So muß ich meine eigene Seele, die innerlich laut schreit, beruhigen. Wenn ich nicht mehr außen herumlaufe, dann meldet sich der Hunger meines Herzens. Dann schreit mein Herz, weil es nicht zufriedengestellt ist. Es braucht dann Nahrung. Ich muß mich mütterlich meinem Herzen zuwenden, damit es Ruhe gibt. Doch viele haben Angst, sich auf das lärmende Herz einzulassen. Sie lenken es lieber ab, indem sie von Ort zu Ort hasten. Aber ihr Herz schreit weiter. Es läßt sich nicht ablenken. Es braucht Zuwendung. Es will gestillt werden.

„Nur zu Gott hin wird meine Seele still“, heißt es in Psalm 62,2. Wir singen diesen Psalm immer in der Nachthore (Komplet) des Mittwochs. Er berührt mich jedesmal. Ich kann mein Herz nicht selbst beruhigen. Wenn ich mich dem inneren Schrei meines Herzens zuwende, dann spüre ich, daß es Hunger hat nach etwas ganz anderem, als ich ihm zu geben vermag. Es sehnt sich nach Gott. Nur in Gott kommt es wirklich zur Ruhe. Gönne Dir in der Adventszeit Zeiten der Stille, um darin Ausschau zu halten nach Gott. Und wenn sich in der Stille zuerst der innere Lärm erhebt, dann halte ihn einfach aus. Bleib stehen. Halte Dein schreiendes Herz Gott hin, damit er es stillt. Dann wird die Stille Dir zur Wohltat, dann kannst Du Deine Seele im Schweigen baden. Du hältst es aus bei Dir. Du kannst es genießen, einfach bei Dir und vor Gott zu sein. In der Stille will niemand etwas von Dir. Da kannst Du einfach sein.

Nicht nur die Adventszeit braucht die Stille, sondern auch Weihnachten. Für mich gehört es zur Feier der Weihnachtsnacht, daß ich nach unserer gemeinsamen Weihnachtsfeier drei Stunden für mich meditiere, mir einen Teil des Weihnachtsoratoriums anhöre und in die Stille hineinhorche. Denn ich weiß, daß Gott nur in der Stille in mir geboren werden kann. Am Zweiten Sonntag nach Weihnachten singen wir im Eingangslied der Messe: „Als tiefes Schweigen das All umfing und die Nacht bis zur Mitte gelangt war, da stieg dein allmächtiges Wort, o Herr, vom Himmel herab, vom königlichen Thron“ (Weish 18,14f). Gott wird auch nur dann in mein Herz hinabsteigen, wenn es still geworden ist. Die Gottesgeburt geschieht im innersten Raum des Schweigens. Ich kann durch mein Schweigen Gott nicht zu mir herabzwingen. Aber das Schweigen ist die Voraussetzung, daß ich Gott in mir wahrnehme. Im Schweigen steige ich selbst hinab in meine eigene Tiefe. Und der Weg in diese Tiefe geht hindurch durch die Nacht meiner Dunkelheit, durch die Nacht meiner Angst und meiner Einsamkeit. Da verlasse ich meinen königlichen Thron, auf dem ich sicher throne und von dem aus ich das Leben lenke und bestimme. Da neige ich mich hinab bis zum Grund meiner Seele. Denn nur dort kann Gott in mir geboren werden. Nur in der Tiefe meines Herzens, zu der der Lärm der Oberfläche nicht mehr hindringt, will Gott in mir Mensch werden.

16. Geburt

Wir feiern an Weihnachten eine Geburt, die Geburt des göttlichen Kindes, aber auch unsere eigene Geburt. Die Geburt eines Kindes ist seit jeher ein Geheimnis für die Menschen gewesen. Das deutsche Wort Geburt kommt von gebären, das „tragen, hervorbringen, zur Welt bringen", aber auch „ertragen, aushalten" bedeutet. Mit dem Wort Geburt sind auch „Bahre" und „Bürde" verwandt. Hier zeigt schon die Sprache an: Geburt und Tod gehören zusammen. Wir werden geboren, um zu sterben. Und Sterben heißt zugleich: neu geboren werden. Geburt und Bürde hängen aneinander. Das sagt uns schon die Bibel, wenn Gott der Frau bei der Vertreibung aus dem Paradies sagt: „Viel Mühsal bereite ich dir, sooft du schwanger wirst. Unter Schmerzen gebierst du Kinder" (Gen 3,16). In den frühen Darstellungen der Geburt Jesu ist Maria immer erschöpft vor Schmerzen. Seit dem 14. Jahrhundert konnten sich viele Fromme nicht mehr vorstellen, daß Maria Jesus genauso unter Schmerzen geboren hat wie jede andere Frau. So beschreibt der Verfasser der „Meditationes Vitae Christi", ein Franziskaner, Maria habe sich bei der Geburt an eine Säule gelehnt, und das Kind habe den Mutterleib ohne Schmerzen verlassen. Ähnlich hat es die hl. Birgitta in einer Vision gesehen. Es ist verständlich, daß die Menschen mit der Geburt Christi auch die Hoffnung verbunden haben, daß es doch auch eine Geburt ohne Schmerzen geben müsse, daß Gott selbst den schmerzlichen Prozeß unseres eigenen Geborenwerdens verwandeln möge.

Wir feiern in der Geburt Jesu den Weg unserer eigenen Geburt. Auch zu unserem Geburtsvorgang gehören Einsamkeit,

Fremde, Nacht, Schmerzen. Immer wenn in uns etwas Neues geboren wird, tut es zuerst weh. Wir möchten so weiterleben wie bisher. Wir möchten das Neue im Leib zurückhalten. Wir spüren zwar, daß wir schwanger sind, daß sich da etwas Neues anbahnt. Aber wir haben Angst davor, daß das Neue durchbricht. Es könnte ja nicht verstanden werden. Es könnte das Schicksal des göttlichen Kindes teilen, für das kein Raum in der Herberge war. Wir wissen nicht, wie sich das Neue anfühlt. Wir spüren nur, daß das Alte so nicht mehr weitergeht. Zugleich aber liegt in unserer Geburt die Verheißung, daß alles in uns neu wird. Wir sind nicht festgelegt auf das Vergangene, auf die vergangenen Verletzungen und Lebensmuster. Neues Leben entsteht in uns. Es ist bei der Geburt noch ganz zart. Aber es wird sich genauso kraftvoll in uns durchsetzen wie das Kind in der Krippe.

Manche Frauen erleben die Geburt auch als lustvoll, ohne große Schmerzen. Die gleiche Erfahrung dürfen zuweilen auch wir machen. Da wird etwas Neues in uns geboren, ohne daß wir es schmerzlich erleben. Es ist wie ein Wunder. Auf einmal ist etwas Neues in uns entstanden, ohne daß wir den Prozeß des Geborenwerdens bewußt wahrgenommen haben. Geburt besagt, daß wir nicht alles erarbeiten müssen, daß Gott selbst in uns Neues wirkt. Die Bibel sagt uns, daß wir immer wieder neu geboren werden müssen, daß wir schmerzliche und lustvolle Geburtsvorgänge unser Leben lang erfahren werden, bis wir im Tod für immer in Gott hinein geboren werden. Jesus sagt zu Nikodemus: „Wenn jemand nicht von neuem geboren wird, kann er das Reich Gottes nicht sehen" (Joh 3,3). Ohne Neugeburt sind wir unfähig, zu dem zu werden, zu dem Gott uns berufen hat. Ohne Neugeburt können wir das Reich Gottes nicht schauen, können wir nicht eins werden mit Gott, können wir nicht zu uns selbst kommen. Reich Gottes heißt ja, daß Gott in uns herrscht, daß wir ganz frei sind von Menschenmacht und ganz wir selber sind. Auf unserem spirituellen Weg bedarf es immer wieder der Neugeburt, in der alte Muster zerbrechen und das reine und ursprüngliche Bild Gottes in uns klarer hervorkommt. Bei der Geburt sind wir noch nicht getrübt durch die Bilder und Erwartungen, die andere uns überstülpen. Wir sind noch das reine und ursprüngliche Bild, das Gott sich in uns ausgedacht hat. Wir sind noch frei, die Zukunft selbst zu gestalten. Unser Leben liegt noch vor uns. Die Wege sind noch nicht abgeschritten. Es ist wie eine Landschaft, die im Neuschnee liegt. Wir sind frei, unsere ureigenste Spur einzugraben.

Die Mystiker sprechen nicht nur von der immer wieder neuen Geburt als Weg zu uns selbst, sondern auch von der Gottesgeburt in der menschlichen Seele. An Weihnachten feiern wir in der Geburt Jesu auch die Gottesgeburt in unserem Herzen. Wenn Gott nicht in uns geboren wird, bleiben wir uns selbst entfremdet. Angelus Silesius hat das so ausgedrückt: „Wird Christus tausendmal in Betlehem geboren und nicht in dir, du bleibst noch ewiglich verloren." Für Meister Eckehart vollzieht sich die Gottesgeburt so: „Im innersten Wesen der Seele, im Fünklein der Vernunft, geschieht die Gottesgeburt. In dem Reinsten, Edelsten und Zartesten, was die Seele zu bieten vermag, da muß es sein: in jenem tiefen Schweigen, dahin nie gelangte eine Kreatur noch irgendein Bild."

In Dir ist ein Raum des reinen Schweigens, der unberührt ist vom Lärm der Welt, unberührt von den vielen Gedanken und Emotionen, die uns ständig überwältigen. In diesem Raum des Schweigens will Gott in Dir geboren werden. Wenn Gott in Dir geboren wird, dann kommst Du in Berührung mit Deinem wahren Selbst, mit dem unberührten und unverfälschten Bild Gottes in Dir. Dann wird Dein Leben wahrhaft neu und heil und hell. Dann ist in Dir selbst die Quelle des Lebens, aus der Du immer wieder von neuem schöpfen kannst.

17. Kind

An Weihnachten kommt Gott als Kind in unsere Welt. Er ist nicht einfach als erwachsener Mensch zu uns gekommen, sondern er wird als schwaches und hilfloses Kind aus dem Schoß einer Frau geboren. Das Kind ist auf die Hilfe seiner Mutter und seines Vaters angewiesen. Es erfährt Liebe, Zuwendung, Zärtlichkeit. So wächst es langsam heran. Du kannst Dich Gott auch nur nahen wie eine Mutter ihrem Kind, behutsam und zärtlich, achtsam und liebevoll, immer wieder neu das Geheimnis dieses Kindes meditierend. Du darfst Gott nicht fest anpacken, um ihn in den Griff zu bekommen. Du mußt immer wieder staunend innehalten, um dem Geheimnis des ganz anderen Gottes nachzuspüren. Einem Kind darf man sich nicht laut nahen, sondern leise. Du kannst über Gott nicht mit lauten Worten sprechen, sondern nur so zart und leise wie zu einem Kind. Einem Kind führst Du keine klugen Reden, du gebrauchst nur Worte, die aus dem Herzen kommen. So wirst Du Gott nur begegnen, wenn Du ihm Dein Herz öffnest.

Wenn Gott als Kind in diese Welt kommt, dann will er uns von unserem Größenwahn befreien, immer stark und autark sein zu wollen. Jesus mahnt uns, wie die Kinder zu werden. Sonst werden wir nicht in das Himmelreich kommen (vgl. Mt 18,3). Kinder können staunen. Sie sind offen für das Neue. Sie wollen lernen, selbst erkunden, was das Leben ist. Sie verlassen sich nicht nur auf andere. Kinder lassen sich ein. Sie können sich beim Spielen vergessen. Sie können ganz im Augenblick sein, ohne sich von Zwängen und Erwartungen stören zu lassen. Sie gehen mit offenem Herzen auf die Menschen zu, ohne Nebenabsichten, ohne Vorurteile. Sie trauen ihrem Gefühl. Sie tun das, was sie von innen her erspüren.

Im Traum ist das Kind immer ein Bild dafür, daß etwas Neues in uns heranwächst. Es steht hier für das unverfälschte und ursprüngliche Bild, das Gott sich von uns gemacht hat. Manchmal träumen wir, daß wir ein verletztes Kind auf dem Arm haben oder daß wir das Kind herunterfallen lassen. Wir vergessen es und lassen es irgendwo alleine stehen. Dann will uns der Traum ermahnen, sorgfältiger und bewußter mit dem Kind in uns umzugehen. Wir ahnen, wer wir sind. Aber dann fallen wir doch in die alten Rollen und Muster hinein. Wir verletzen das Kind in uns. Das Kind ist im Traum auch Symbol für einen neuen Anfang. An Weihnachten setzt Gott einen neuen Anfang. Wir sind nicht festgelegt durch unsere Lebensgeschichte, durch die Verletzungen der Vergangenheit, durch die Muster der Selbstverletzung, die wir übernommen haben, und durch das Zerbrechen unserer Lebensträume. Wir dürfen den alten Traum von einem erfüllten Leben aufs neue träumen. Wir dürfen noch einmal von neuem beginnen. Die Vergangenheit kann uns nicht mehr davon abhalten, daß Gott alles in uns verwandelt und erneuert. So hat es Papst Leo in einer Weihnachtspredigt ausgedrückt: „Heute kann ich von neuem beginnen, da Gott in mir als Kind geboren wird.“ Es ist nie zu spät, anzufangen. Weihnachten will Dich dazu ermutigen, die Last der Vergangenheit abzuschütteln und getrost einen neuen Anfang zu wagen.

Die Psychologie spricht heute gern vom inneren Kind. John Bradshaw meint, daß jeder von uns ein verletztes Kind in sich trägt. Jeder wurde als Kind verletzt. Unsere Gefühle wurden nicht ernst genommen. Wir wurden in unserer Einzigartigkeit und Besonderheit nicht gesehen. Wir wurden in unseren Erwartungen nach bedingungsloser Liebe enttäuscht. Als Erwachsene müssen wir mit dem verletzten Kind in Berührung kommen und für es Verantwortung übernehmen, indem wir für es sorgen und seine Wunden verbinden. Aber wir dürfen nicht beim verletzten Kind stehenbleiben, sondern sollen uns von ihm zum göttlichen Kind führen lassen, das auch in jedem von uns ist. Das göttliche Kind ist ein Bild für das wahre Selbst. Es weiß genau, was für uns stimmt. Es hat uns schon in der Kindheit Wege gezeigt, wie wir mitten in der Fremde, im Ungeliebtsein und Unverstandensein, einen Ort fanden, an dem wir uns vergessen konnten, an dem wir ganz eins waren mit uns, an dem wir daheim waren, an dem wir in Gott waren. Weihnachten will Dich an das göttliche Kind in Dir erinnern. Es hält mitten in der Kälte und Fremde dieser Welt an seiner Einmaligkeit und Einzigartigkeit fest. Es vertraut darauf, daß es etwas Göttliches gibt, das nur durch Dich ausgedrückt werden kann. Im Grunde Deines Herzens trägst Du ein göttliches Kind. Wenn Du auf Dein Herz hörst, dann spürst Du genau, was für Dich gut ist, was für Dich stimmt und was Du nur übernimmst, weil andere es Dir gesagt haben. Nur wenn Du mit dem göttlichen Kind in Dir in Berührung kommst, wird Dein Leben authentisch, und es bekommt etwas von der Leichtigkeit, die Kinder auszeichnet. Du mußt dann nicht mühsam alle Verletzungen der Kindheit aufarbeiten, Du darfst als verletztes Kind dem göttlichen Kind vertrauen, der Spur, die Dich auch heute zum Leben führt.

18. Menschwerdung

Wir feiern an Weihnachten die Menschwerdung Gottes. Die Kirchenväter betonen immer wieder, daß Gott Mensch geworden ist, damit wir Anteil an Gott bekommen. Gott hat in der Menschwerdung seines Sohnes den göttlichen Keim in unsere sterbliche Natur hineingelegt, damit wir nicht mehr der Vergänglichkeit und Hinfälligkeit der menschlichen Natur preisgegeben sind. Papst Leo drückt es in seiner Weihnachtspredigt so aus: „Christ, erkenne deine Würde! Du bist der göttlichen Natur teilhaftig geworden, kehre nicht zu der alten Erbärmlichkeit zurück, und lebe nicht unter deiner Würde!" Das fordert uns heraus, unserer göttlichen Würde entsprechend zu leben. Gott ist aber auch Mensch geworden, damit wir aufhören, wie Gott sein zu wollen. Die Vergöttlichung befreit uns von dem Zwang, uns wie Götter gebärden zu müssen.

Weihnachten zeigt Dir, wie auch Du wahrhaft Mensch werden kannst. Christus ist vom Himmel herabgestiegen. Der erste Schritt besteht darin, daß Du den Mut hast, hinabzusteigen in Deine Menschlichkeit und Erdhaftigkeit. Du bist von der Erde genommen. Die Erdenschwere haftet an Dir. Dein Leib erinnert Dich Tag für Tag an Deine Erdhaftigkeit. Damit mußt Du Dich aussöhnen. Du mußt hinabsteigen in das Dunkle und Kalte in Dir, in die eigene Zerrissenheit, in die Triebhaftigkeit und Bedürftigkeit. Nur wer zur Erde hinabsteigt, kann zum Himmel emporsteigen.

Für Augustinus führt der Weg der Menschwerdung nicht nur nach unten, sondern auch nach innen. Der Weg nach innen ist für ihn der Weg der Selbsterkenntnis durch innere Einkehr. Selbsterkenntnis heißt vor allem: die Gedanken und Gefühle zu beobachten, die unser Denken bestimmen. Augustinus hatte ein feines Gespür für die Regungen des Herzens. Sie schonungslos aufzudecken und Gott hinzuhalten, das ist für ihn der Weg zu Gott. „Erkenne dich selbst" – diese vom Himmel gesandte und am Tempel in Delphi eingeschriebene Forderung war für die Kirchenväter und für die frühen Mönche die entscheidende Bedingung der Menschwerdung. Geistliches Leben heißt für sie, den mühsamen Weg der Selbsterkenntnis auf sich zu nehmen, immer wieder hineinzuhorchen, was unser Herz bewegt. Es heißt, zu fragen, ob es sich frei entscheiden kann oder ob es getrieben und bestimmt wird von Emotionen und Leidenschaften, die uns aus unserer Mitte vertreiben möchten. Zur Selbsterkenntnis gehört das Gespräch mit den Leidenschaften und Gedanken, das Gespräch mit den Träumen und mit dem eigenen Leib. Gott spricht zu mir in der Realität meines Leibes und meiner Seele.

Zur Forderung „Erkenne dich selbst" tritt für Augustinus ein zweiter Schritt der Menschwerdung hinzu: „Liebe dich selbst." Erkennen und lieben hängen eng miteinander zusammen. Die biblische Redewendung „Eine Frau erkennen" zeigt, daß Erkennen letztlich Lieben ist und umgekehrt. Wir können uns selbst nicht erkennen, wenn wir uns nicht lieben. Und nur die Liebe läßt uns tiefer in uns eindringen und erkennen, wer wir in Wahrheit sind. Sich selbst zu lieben ist etwas anderes als um sich selbst zu kreisen. Jesus meint mit dieser Forderung keinen Narzißmus, sondern ein Einverstandensein mit sich selbst. Indem ich mich selbst liebe, liebe ich Gott, der mich so geschaffen hat, wie ich bin. Sich selbst ablehnen ist Protest gegen Gott, den ich für meine Begrenztheit und Fehlerhaftigkeit verantwortlich mache. Das Kind in der Krippe möchte Dich dazu einladen, Dich selbst zu lieben, liebevoll mit Dir selbst umzugehen, Dir Deine Kinderkrankheiten zu vergeben und Dich damit zu versöhnen, daß Du so bist, wie Du bist. Es braucht das Lächeln eines Kindes, um Dich selbst annehmen und lieben zu können, den feinen Humor eines Menschen, der in seinem Herzen noch Kind geblieben ist. Wer sich zu ernst nimmt, der muß sich entweder groß machen und als wichtige Persönlichkeit gebärden, oder aber er verachtet sich selbst und macht sich kleiner, als er in Wirklichkeit ist. Dich selbst lieben heißt, Dich so lieben, wie Du geworden bist. Nur so kannst Du werden, wie Gott Dich ausgedacht und wozu er Dich berufen hat.

19. Fleischwerdung

Gott ist nicht nur Mensch geworden, sondern auch Fleisch. So sagt es uns das Johannesevangelium: „Das Wort ist Fleisch geworden und hat unter uns gewohnt." Mit Fleisch meint Johannes nicht das Fleisch der Sünde, sondern das Irdisch-Gebundene, das Hinfällige, Vergängliche. Gott hat in der Fleischwerdung seines Sohnes den Keim der Unsterblichkeit hineingesenkt in unser sterbliches Fleisch.

Wie das Wort (griechisch: der Logos) Fleisch wird, ist ein Geheimnis. Die Kirchenväter haben es ausgedrückt im Symbol der Perle, die in der Muschel heranwächst. Maria ist die Muschel, aus der die göttliche Perle Jesus Christus Fleisch annimmt. So hat es Klemens von Alexandrien ausgedrückt: „Eine Perle ist auch der durchleuchtende und reinste Jesus, den die Jungfrau aus dem göttlichen Blitze geboren hat. Denn wie die Perle, in Fleisch und Muschel und Feuchtigkeit geboren, ein Körper ist, feucht und durchscheinend von Licht und voll von Pneuma, so ist auch der fleischgewordene Gott-Logos geistiges Licht, durchscheinend durch feuchten Körper." Und Athanasius versteht die Fleischwerdung des Logos in Maria so, daß Jesus sich mit dem Leibe Mariens verband und so „das heilige Fleisch, das er bei seiner Menschwerdung annahm, leuchtend" machte. Mit anderen Worten ausgedrückt: Jesus hat unser Fleisch angenommen, aber er hat es durchsichtig für Gottes Herrlichkeit gemacht.

Im Credo singen wir das denkwürdige Wort: „incarnatus de Spiritu Sancto". Christus hat Fleisch angenommen vom Heiligen

Geist. Fleisch und Geist werden häufig als die größten Gegensätze gesehen. Der Geist streitet wider das Fleisch, so heißt es landläufig. Doch hier bekennen wir, daß das ewige Wort durch den Geist Fleisch geworden ist. Die Bewegung geht vom Geist zum Fleisch. Das ist nicht nur das Geheimnis der Geburt Jesu Christi, sondern auch das Geheimnis unserer eigenen Menschwerdung. Der Geist muß in unser Fleisch kommen, er muß Fleisch werden. Nur so wird er für uns erfahrbar. Ohne Fleisch bleibt Gott in dieser Welt ohne Antlitz. Gott braucht das Fleisch, um Mensch zu werden, damit in unserem Antlitz Gottes Angesicht aufleuchten kann. Tertullian hat das in dem berühmten Wort ausgedrückt: „Caro cardo salutis – das Fleisch ist die Türangel des Heils." Am Fleisch vorbei gibt es kein Heil, keine Heilung, keine Erlösung.

Kannst Du diese theologische Aussage nachvollziehen, oder widerspricht sie Deiner Erfahrung? Kannst Du ja sagen zu Deinem Fleisch, oder leidest Du daran? Fleisch, das meint: Deine Schönheit, aber auch Deine Hinfälligkeit und Krankheit, den gealterten Leib, Deine Kraft und Deine Schwäche, Deine Schwere, Deine Empfindlichkeit und Verletzlichkeit, die Freude am Leib, aber auch das Leiden daran, wenn er nicht so gewachsen ist. Nichts kann uns tiefer verletzen, als wenn uns einer auf unsern Leib anspricht und darüber spottet. Die Sexualität als Ort der höchsten Lust ist zugleich auch der Bereich, in dem wir am empfindlichsten getroffen werden. Gott ist Fleisch geworden. Das heißt: Er kommt in Dein Fleisch. Er begegnet Dir dort, wo Du Dich müde gearbeitet hast, wo Du voller Kraft bist, wo Du zärtlich bist, in Deinem Hunger und in Deinem Durst. Dein Fleisch sehnt sich nach Gott. „Nach dir schmachtet mein Leib wie dürres, lechzendes Land ohne Wasser", sagt der Psalmist (Ps 63,2). Wenn Gott die Sehnsucht Deines Leibes erfüllt, dann wird er aufblühen. Was Du ausstrahlst,

strahlst Du durch Deinen Leib aus. Wenn Gott Dein Fleisch verwandelt, dann wird es zu einer Perle, in der sich Gottes Licht in dieser Welt spiegelt. Dann trägst Du in Deinem Leib – wie es ein Kirchenvater ausdrückt – „die kostbare himmlische Perle, dieses Bild des unaussprechlichen Lichtes, das der Kyrios (der Herr) ist“.

20. Stall

Christus wurde im Stall geboren. Für C. G. Jung ist das ein wichtiges Symbol geworden. Er meint, wir sollten immer daran denken, daß wir nur der Stall sind, in dem Gott geboren wird. Wir sind folglich nicht der Palast, nicht das neu erbaute und schön eingerichtete Haus, nicht das behagliche Wohnzimmer. Jeder von uns verbindet mit dem Stall andere Erfahrungen und Gefühle. Eine Frau erzählte, daß sie als Kind von der Schule immer sofort in den Stall ging. Dort hat sie sich daheim gefühlt. Der Stallgeruch vermittelte ihr ein Gefühl von Heimat und Geborgenheit. Im Stall sind Tiere, die einfach da sind. Da ist Leben, da geschieht immer wieder Geburt, aber da ist auch Sterben, da sind auch Sorgen. Im Stall ist der Alltag mit seinen Höhen und Tiefen. Die Kinder spüren eine Nähe zu den Tieren. Die Tiere lassen sich streicheln, lassen etwas an sich geschehen. Sie sind geduldiger als Menschen. Sie hören zu, was die Kinder ihnen erzählen. Und im Stall ist immer gleichmäßige Wärme. Die Tiere wärmen auch im Winter den Stall mit ihrer Körpertemperatur.

Der Stall ist nicht blank geputzt. Da liegen Mist und Unrat, vermischt mit Stroh und Heu. Der Stall wird zwar immer wieder gereinigt. Aber stets sammelt sich von neuem der Mist an. Der Mist dient als Dung für die Felder. Das ist Bild für unser Inneres. Auch unser Herz ist nicht rein und sauber, nicht keimfrei. Da hat sich so mancher Unrat angesammelt. Alles, was wir verdrängt haben, liegt da unter der Oberfläche verborgen und fault vor sich hin. Der eine hat seine Aggressionen verdrängt. Unter der Oberfläche von Wohlanständigkeit und Freundlichkeit lauert da eine eisige Kälte, und durch die lächelnde Fassade werden aggressive Pfeile herausgeschossen. Der andere hat seine Bedürfnisse unterdrückt. Aber sie geben keine Ruhe. Sie liegen in ihm herum und werden ständig wieder aufgewirbelt, wenn der Ehepartner oder die Kinder dieses Bedürfnis frei ausleben. Ein Dritter geht über die Verletzungen seiner Kindheit hinweg. Er möchte sie nicht anschauen. Aber die Wunden lassen sich nicht zukleben. Sie schwären unter dem Pflaster weiter, so daß der Eiter durch den Verband hindurchdringt. Gerade dort, wo all der „Mist" in uns liegt, will Gott in uns geboren werden. Wir können Gott keine saubere Stube anbieten, sondern nur den schmutzigen Stall unseres Herzens. Das ist uns peinlich. Aber es befreit uns von dem Wahn, als ob wir die Gottesgeburt verdient hätten. Gott will in uns geboren werden, weil er uns liebt, nicht weil wir ihm etwas vorweisen können.

Der Stall wird durch die Geburt Jesu mit Licht erfüllt, mit einem warmen und milden Licht, das nicht alles schonungslos ausleuchtet, sondern es so läßt, wie es ist. In der Nähe des göttlichen Kindes darf alles in Dir sein, da verliert auch das Schmutzige und Weggeworfene, das Zertretene und Verächtliche seine Unansehnlichkeit. Im milden Licht Christi darfst Du alles betrachten. Es bekommt durch Christus ein neues Ansehen und wird von seiner Liebe verwandelt. Das ist das tröstliche Bild des Stalles, daß alles in Dir dadurch verwandelt wird, daß Christus in die Dunkelheit und in das Chaos Deines Herzens kommt. Ja gerade das, was nicht chemisch rein geputzt ist, schenkt dem göttlichen Kind Geborgenheit und Heimat. Es macht seine Liegestatt weich und wohnlich. Was zu perfekt ist, wirkt eher befremdend in der Nähe eines Kindes. Das Kind will ein weiches Bett und nicht ein vollkommen keimfreies Leinen. So darfst Du vertrauen, daß Du gerade so, wie Du bist, für Christus Wohnstatt sein darfst, der Stall, in dem er für Dich und für diese Welt geboren wird.

21. Höhle

Die ostkirchliche Kunst hat die Geburtsszene immer in eine Felsenhöhle verlegt. In Betlehem zeigte man schon in apostolischer Zeit die Geburtshöhle. Und die apokryphen Evangelien berichten davon, daß Jesus in einer Höhle geboren wurde. Die Höhle ist ein Bild für den Mutterschoß. Der Mutterschoß Mariens weist auf den Schoß und das Herz der Erde. Die Menschwerdung Gottes beginnt mit dem Abstieg Jesu in die Tiefe der Erde, in die Dunkelheit einer Höhle. Wenn Gott aus dem Mutterschoß der Erde geboren wird, wird der gesamte Kosmos verwandelt und mit Leben und Kraft erfüllt. Die Erde wird durch den Himmel befruchtet. Die Dunkelheit, die die Höhle kennzeichnet, wird erhellt durch das Licht des göttlichen Kindes. In einem Weihnachtslied von Romanos dem Meloden (490–560) wird dieses Geheimnis so beschrieben: „Die Jungfrau gebiert heute den Überwesentlichen, und die Erde bietet die Höhle dar dem Unzugänglichen." Die Kirchenväter vergleichen den Leib der Jungfrau in der Höhle mit dem Garten Eden. Aus ihm entsproß der Lebensbaum, an dem die göttliche Frucht wächst, von der wir essen dürfen und nicht wie Adam sterben müssen. Die Ikonen haben mit ihrer Darstellung der Geburt Jesu in der Höhle sicher auch an die mythischen Höhlengeburten antiker Götter angeknüpft. So wurden Zeus, Dionysos und Mithras in einer Höhle geboren. Die Griechen sahen in der Höhle auch ein Bild für die Gottesferne, in die Christus das göttliche Licht bringt. Die Höhlen waren gefährliche Orte, von Dämonen behaust. Wenn Christus, das Licht, in diese Höhle kommt, wird sie – wie in griechischen Sagen vorausgedacht – verwandelt zu einem Ort, an dem eine heilbringende Quelle entspringt.

Wenn ich die Geburt Jesu in der Höhle meditiere, dann sind für mich zwei Aspekte wichtig. Der eine Aspekt besteht darin, daß ich mich an Weihnachten selbst in die Höhle zurückziehen darf. Weihnachten ist ein mütterliches Fest, ein Fest der Geborgenheit und Heimat. Ich kann mir vorstellen, daß Jesus in mir geboren wird, während ich betend und meditierend in der Höhle weile. Höhle, das heißt für mich, daß ich eingehüllt bin in Gottes heilende und liebende Gegenwart. Gebet ist für mich unter anderem auch eine gesunde Form von Regression. Ich ziehe mich zurück in die Höhle. Dort bin ich geborgen. Dort will niemand etwas von mir. Dort kann ich mich ausruhen, mich fallen lassen, mich entspannen. Dort darf ich einfach sein, so wie ich bin, ohne daß jemand an mir herumkritisiert, ohne daß jemand eine Forderung an mich stellt. Natürlich kann ich nicht immer in der Höhle bleiben. Ich muß auch wieder heraus, um mich dem Leben zu stellen. Aber es ist durchaus legitim, sich von Zeit zu Zeit in die Höhle zurückzuziehen und sich dort im mütterlichen Schoß Gottes auszuruhen. Gott wird mich dann schon wieder herausrufen, so wie er es bei Elija getan hat: „Komm heraus, und stell dich auf den Berg vor den Herrn!“ (1 Kön 19,11). Auf dem Berg weht ein kühler Wind. Dort hat Gott einen Auftrag für uns, daß wir hinausgehen müssen in die Welt, um auf unsere Weise Gott zu verkünden.

Der zweite Aspekt ist, daß in mir selbst eine Höhle ist, ein mütterlicher Schoß, in dem Christus geboren werden will. In mir ist ein Raum, in dem ich daheim sein kann, in dem ich mich fallen lassen kann, weil dort Gott, das Geheimnis, in mir wohnt. Daheim sein kann man nur, wo das Geheimnis wohnt. In der Höhle meines Herzens erfahre ich Heimat, weil Christus selber in mir wohnt. Mehr noch: Christus macht meine Höhle erst bewohnbar. In der Höhle, so zeigen uns die Sagen, können auch Drachen hausen, gefährliche Schlangen und Löwen, Dämonen und Totengeister. Wenn Christus in der Höhle meines Herzens geboren wird, vertreibt er alle Drachen und Schlangen aus meiner Höhle. Da weicht das Dämonische. Die Totengeister, d. h. die Geister, die mich nicht zum Leben, sondern zum Tod führen, werden entmachtet. Die unerlösten Geister meiner vielleicht jahrhundertelangen Familiengeschichte lösen sich auf oder verschwinden.

Marienwallfahrtsorte sind oft an einer Grotte oder Höhle entstanden. In Lourdes schöpfen die Pilger Wasser aus der Höhle, in der Bernadette die Gottesmutter gesehen hat. In diese Geschichte und in diese Vorstellungen sind sicher viele Sehnsüchte matriarchaler Religionen eingeflossen. Da ist die Ahnung, daß die Erde für uns Heimat ist, daß sie uns nährt, daß sie heiliges Wasser hervorbringt, das uns reinigt und belebt. Die Volksfrömmigkeit hat unbewußt matriarchale Züge in das Christentum hineingetragen. Manche Puristen wehren das als heidnisch ab. Aber heute sind wir eher dankbar, daß das Christentum nicht rein patriarchalisch geblieben ist, sondern in Maria und in den vielen heiligen Grotten und Höhlen auch matriarchale Sehnsüchte aufgegriffen hat. Christus, der in der Höhle geboren wurde, erfüllt, was in matriarchalen Kulten erahnt worden ist. Im Innern der Erde wird Christus aus einer Frau geboren, um den ganzen Kosmos zu heiligen, um die Erde zu befruchten und uns zur Heimat werden zu lassen.

22. Krippe

Zweimal nennt Lukas bei der Beschreibung der Geburt Jesu die Futterkrippe, in die er gelegt wurde. Maria „wickelte ihn in Windeln und legte ihn in eine Krippe, weil in der Herberge kein Platz für sie war" (Lk 2,7). Vermutlich war es eine Felsenkrippe, in die Jesus da gelegt worden ist. In Betlehem gab es Häuser, die über einer Höhle erbaut waren. Die Höhle diente der Unterbringung des Viehs. Dort waren Steintröge und Krippen in den Felsen gehauen. Das griechische Wort für „Herberge = katalyma" meint wohl das Gemach über der Höhle. Weil in diesem Gemach kein Platz für das neugeborene Kind war, blieb nur der Stall mit der Futterkrippe. Sie ist ein Bild für die Armut des Kindes, in dem Gottes Herrlichkeit aufleuchtet. Zweimal (Lk 2,7.12) erwähnt Lukas auch, daß das Kind in Windeln gewickelt wurde. Offensichtlich ist das Ausdruck davon, daß Jesus ein wirkliches, ganz normales Kind ist und kein Wunderkind.

Im Laufe der Geschichte haben die Künstler die Krippe in den verschiedensten Formen dargestellt. Im Osten ist es oft eine steinerne Krippe, die wie ein Sarg aussieht. Und das Kind ist gewickelt wie ein Leichnam. Offensichtlich weist hier die Krippe auf das Grab Jesu hin, in dem Jesus von neuem geboren wurde in der Auferstehung. Erst dort ist der Tod für immer überwunden. Christi Geburt ist die Ursache, daß wir im Tod zum jenseitigen Leben wiedergeboren werden. Menschwerdung, Passion und Auferstehung gehören zusammen. In der byzantinischen Kunst, aber auch im Westen gibt es den Typos der Altarkrippe. Sie deutet schon auf die Eucharistie hin. Betlehem heißt ja übersetzt

„Haus des Brotes". In der Eucharistie wird das Geheimnis der Menschwerdung Gottes immer wieder von neuem gefeiert. Da essen wir von dem Brot, das vom Himmel herabkommt. Im Mittelalter wird die Krippe meistens als Holzkrippe dargestellt, in der das Stroh dem Kind ein weiches Lager bereitet. Hier ist die Krippe mitten in den bäuerlichen Alltag hineingestellt.

Die Kunst hat mit ihren verschiedenen Krippengestaltungen immer eine theologische Aussage gemacht. Da ist einmal die Armut Jesu. Gott kommt in der größten Armut. Er wird in Windeln gewickelt, in Lumpen gehüllt. Er kommt nicht in Herrlichkeit, sondern unscheinbar. Gott ist wirklich einer von uns geworden. Ja, das Kind in der Krippe zeigt, daß Jesus schon in seiner Geburt solidarisch geworden ist mit den Armen dieser Welt, daß er uns vor allem im Antlitz armer Menschen aufscheint. Jesus wird in eine Krippe gelegt, die das Futter für die Tiere enthielt. Weil die Menschen ihn nicht aufnehmen, liegt er dort, wo die Tiere ihre Nahrung bekommen. Aber die Tiere treten ihm ihre Krippe ab. Sie nehmen ihn auf. Die unvernünftige Natur spürt, daß da eine Mutter einen Ort für ihr neugeborenes Kind braucht. Dagegen drücken sich Menschen, die zuviel überlegen, mit ihren Reflexionen oft vor der Hilfe. Andere helfen, ohne viel nachzudenken. Es ist wie ein Reflex. Es ist selbstverständlich, daß sie zupacken, wenn einer in Not ist. Sie haben ein Gespür für den menschgewordenen Gottessohn. Sie sehen ihn in jedem, der der Hilfe bedarf, ohne daß sie sich darüber Rechenschaft ablegen.

Das Volk hat die Krippen seit dem Mittelalter liebevoll ausgestaltet. In allen Völkern gibt es Krippendarstellungen. Die Künstler haben die Geburt Jesu in ihre eigene Welt hineingestellt, in den bäuerlichen Alltag oder in die Welt der Handwerker. An der Krippe erscheinen die Vertreter der jeweiligen Gesellschaft. Die ganze Welt pilgert zur Krippe, um dort das Kind anzubeten. Der Ursprung dieser „Krippenfrömmigkeit" war nicht nur die weihnachtliche Krippenfeier, die der hl. Franziskus im Jahre 1223 im Walde von Greccio mit seinen Mitbrüdern und zahlreichem Volk gehalten hat, sondern vor allem der Brauch des „Kindleinwiegens“, wie er vor allem in den Klöstern der Dominikanerinnen weit verbreitet war. Die Klosterfrauen mußten schon ein Christkind aus Wachs bei ihrem Klostereintritt mitbringen. Zur Weihnachtszeit mußten sie sich in frommen Übungen auf die Geburt des göttlichen Kindes vorbereiten. Zur Weihnachtszeit wurde dieses Kind dann wie ein lebendiger Säugling gepflegt, geküßt und an die Brust gelegt und immer wieder in den Schlaf gewiegt. Indem die Nonnen das Kindlein an ihre Brust legten und es hin- und herbewegten, versenkten sie sich in ihre Liebe zu Jesus. Das Kindleinwiegen war Teil ihrer Liebesmystik. Es entsprang dem innigen Verlangen, das rätselvolle Geschehen der Geburt Jesu anschaulich und sinnenhaft zu machen, um so eine tiefe Liebe zum menschgewordenen Gottessohn zu wecken. Das Kindleinwiegen war beim Volk sehr beliebt. Viele Weihnachtslieder aus dem 14. und 15. Jahrhundert sind Wiegenlieder. Man sang sie in der Liturgie, in der der Priester dazu das Kindlein wiegte und dem Volk zeigte.

Als Kind war für mich die Vorstellung, daß das Kind in der Krippe liegt, immer etwas Romantisches, Idyllisches, etwas, das ein Gefühl von Heimat und Geborgenheit hervorgerufen hat. Damals haben wir Krippen gebastelt. Und wir haben Strohhalme hineingelegt, wenn wir eine gute Tat vollbrachten, damit der Gottessohn weicher liegen konnte. Das war sicher sehr kindlich gemeint. Aber es brachte auch zum Ausdruck, daß wir selbst dem göttlichen Kind eine Krippe bereiten, daß wir in unserem Herzen einen Ort schaffen, in dem Gott geboren werden kann. Unser Herz ist die eigentliche Krippe.

Es gibt nicht nur die kindlichen Wiegenlieder. Die Hirtenmusik bei Händel, Bach, Corelli, Manfredini nehmen den Wiegenrhythmus auf. Für mich gehört es zu meinem Weihnachtsritual, zur Arie des Weihnachtsoratoriums „Schlafe, mein Liebster, genieße der Ruh" die Hände über der Brust zu kreuzen und mich hin- und herzuwiegen. Da kommt eine Ahnung hoch, daß das göttliche Kind in meinem Herzen wie in einer Krippe liegt. Im Wiegen bringe ich mein Herz zur Ruhe. Ich spüre etwas von der Geborgenheit und Zärtlichkeit, die von diesem Kind in der Krippe ausgeht. Da breitet sich ein tiefer Friede in mir aus. Und ich ahne, daß in meinem Herzen die Liebe selbst wie ein zartes Kind liegt. Indem ich das göttliche Kind in mir wiege, macht es mich selbst liebevoller.

Wir können die alten Bräuche nicht einfach wiederholen. Manches an den Wiegenbräuchen des Mittelalters erscheint uns allzu naiv. Aber wenn solche Bräuche so viele Menschen in Bann schlagen, ist in ihnen immer auch etwas Heilendes und die Herzen der Menschen Bewegendes. Der eine spürt die heilende und beruhigende Wirkung des Wiegens im meditativen Tanz, der andere, indem er zu weihnachtlicher Musik sich selbst hin- und herwiegt. Vielleicht ist Dir dieses Wiegen fremd und allzu kindlich. Aber Du kannst es ja einmal versuchen, ob es Dir nicht doch guttut und ob es Dich nicht in einen tiefen Frieden und in eine zärtliche Liebe hineinführt, in der Du Dich selbst geborgen fühlst.

23. Ochs und Esel

Seit es Geburtsdarstellungen Jesu gibt, sind Ochs und Esel immer dabei, obwohl die beiden Tiere doch bei Lukas nicht erwähnt sind. Aber schon Origenes († um 254) hat die Jesajastelle 1,3 in Beziehung zur Krippe in Betlehem gesetzt: „Der Ochse kennt seinen Besitzer und der Esel die Krippe seines Herrn; Israel aber hat keine Erkenntnis, mein Volk hat keine Einsicht." Während die Menschen Jesus nicht als den Messias erkennen, kennen Ochs und Esel in dem Kind in der Krippe ihren Herrn. Gregor von Nyssa († 394) deutet das Bild von Ochs und Esel so: Der Ochse steht für das jüdische Gesetz, an das er gebunden ist wie an ein Joch. Der Esel ist Symbol für die Heiden. Denn er trägt die Last des Götzendienstes. Zwischen Ochs und Esel liegt das göttliche Kind, das sowohl Juden wie Heiden von ihrem Joch und ihrer Last befreit.

Die Deutung der Kirchenväter zeigt schon, daß sie Ochs und Esel symbolisch verstanden haben. Ihre Deutung ist durchaus sinnvoll. Da ist zum einen das Bild, daß die Tiere ein Gespür für Christus haben, während die Menschen vor lauter Argumenten sich den Blick für das Geheimnis der Menschwerdung verstellen. Die Tiere würden wir heute eher tiefenpsychologisch verstehen, nämlich als Symbol für die Trieb- und Instinktnatur des Menschen. Unsere Triebe und Instinkte verstehen manchmal eher das Geheimnis der Verwandlung, das in der Menschwerdung Gottes in Jesus Christus sichtbar geworden ist. Triebe können in Geist verwandelt werden, Instinkte in Weisheit. Das zeigen viele Märchen. Die beiden älteren Königssöhne gehen meistens achtlos an den

Tieren vorbei, die zu ihnen sprechen. Der jüngste Königssohn dagegen hört auf die Tiere. Er erfüllt ihre Bitte um Hilfe. Dafür stehen sie ihm dann in kritischen Situationen zur Seite und weisen ihm den Weg zum Wasser des Lebens. Wenn wir auf unsere Triebe und Instinkte hören, dann treiben sie uns hin zur Krippe, in der das göttliche Kind liegt, und zeigen uns damit den Weg zum wahren Leben. Wer seine Triebe und Instinkte dagegen unterdrückt, wer nur aus dem Kopf lebt, weil er vom Kopf aus alles steuern und bestimmen will, der lebt an seinen Möglichkeiten vorbei, der bleibt sich selbst entfremdet, in dem kann nichts Neues geboren werden. Wir brauchen die Tiere, wir brauchen die Triebe und Instinkte. Ohne sie gibt es keine Lebenserneuerung, keine Neugeburt. Ochs und Esel an der Krippe laden uns dazu ein, unsere Kopflastigkeit abzulegen und uns demütig den Tieren in uns zuzuwenden. Sie sind dem göttlichen Kind näher als unser Kopf, der über das Kind lediglich nachdenkt, anstatt es zu erkennen.

Viele Legenden erzählen, daß Ochs und Esel das frierende Kind mit ihrem Atem gewärmt haben. Sie sind wie ein mütterlicher Schutzraum für das Kind. So sind auch die Triebe und Instinkte in uns ein nährender und wärmender Schutzraum, in dem das Neue in uns geboren werden und heranwachsen kann, ohne daß es in der Kälte dieser Welt sogleich erfriert. Aniela Jaffé, eine Schülerin von C. G. Jung, meint, daß sowohl das Geistige wie das Naturhafte als numinos erlebt werden und die Enge der Ichpersönlichkeit übersteigen. Instinkt und Geistnatur gehören beide zur Ganzheit des Menschen und stehen zueinander in einer geheimnisvollen Beziehung. Ohne sie kann der Mensch nicht zu seinem Selbst finden. Wenn Ochs und Esel das göttliche Kind mit ihrem Atem wärmen, dann wird darin bildhaft ausgedrückt, daß das Naturhafte und Instinkthafte im Menschen den Geist wärmen und nähren kann, daß das Geistige in uns ohne das Vitale kalt wird und erstarrt.

Auch das zweite Bild der Kirchenväter könnte für uns eine frohe Botschaft sein. Ochs und Esel, Triebe und Instinkte, sind nicht nur positive Kräfte. Sie sind in sich ambivalent. Sie können auch das Träge, Verhärtete, Sture des Gesetzes und die Last des Götzendienstes symbolisieren. Der Ochs, der stur vor sich „hinstiert“, und der Esel, der unter der Last zusammenbricht, sind Bilder für Lebenshaltungen, die wir alle kennen. Wir gehen oft stur unseren Weg, ohne nach rechts und links zu blicken. Und wir laden uns zuviel auf, weil wir kein Maß kennen. Christus wird als Kind in unsere Gesetzesfrömmigkeit hineingeboren. Ein Kind hat kein Gespür für Gesetzlichkeit. Es wirft mit seiner spontanen Liebe alle Gesetze über den Haufen. Und ein Kind hat kein Gespür für die Last des Götzendienstes, für die Anstrengungen unserer selbst gewählten Askese, durch die wir meinen, Gott zu uns herabzwingen und unser Ego zum Götzen machen zu können. Das Kind nimmt alles leicht. Statt uns Lasten aufzubürden, weist es uns ein in die Leichtigkeit des Seins. Von Weihnachten geht beides aus: Spontaneität der Liebe und Leichtigkeit des Seins.

Die „Legenda aurea“ sieht Ochs und Esel als Vertreter der gesamten Kreatur. Die ganze Schöpfung hat teil an der Erlösung. Das kommt in vielen Legenden zum Ausdruck. Da blühen in der Weihe-Nacht die Rosen. Da verwandelt sich der Wald in einen Lustgarten voller Blumen. Da wird selbst die unbelebte Natur von der Menschwerdung Christi berührt. Da zerfällt die Säule des Romulus, da spendet ein Brunnen in Rom in der Christnacht statt Wasser Öl. Die Bilder dieser Legenden wollen Dir zeigen, daß alles in Dir und um Dich herum durch die Menschwerdung Jesu verwandelt werden kann, auch das Harte, Unbewußte, Erdhafte, Triebhafte. Alles in Dir will neu werden. Denn so sagt Ambrosius: „Wir müssen uns nicht wundern, daß mit der Geburt Christi alles neu geworden ist, da neu es selber gewesen ist, daß eine Jungfrau gebar.“

24. Herberge

Maria legte Jesus in eine Krippe, „weil in der Herberge kein Platz für sie war“ (Lk 2,7). Ganz gleich, was das griechische Wort „katalyma“ bedeutet, ob es das Gemach über der Stallhöhle bedeutet oder die Karawanenherberge, in der in einem einzigen Raum viele Menschen untergebracht wurden, für mich hat seit meiner Kindheit das Wort „Herberge“ einen eigenen Klang. Es vermittelt mir etwas von Geborgenheit und Heimat. Das deutsche Wort ist eine Zusammensetzung von Heer und bergen. Es meint also ursprünglich einen Ort, der das Heer bergen kann. „Bergen“ kommt von „Berg“ und heißt „in Sicherheit bringen, auf einer Fluchtburg unterbringen, bewahren“. Herberge ist also ein Ort, an dem das Heer, das in den Krieg zieht, in Sicherheit lagern kann, an dem es geschützt ist vor dem Feind. Das ist ein schönes Bild für unsere innere Wirklichkeit. Die Herberge ist Verheißung, daß ich mit meinem inneren Heer, mit all den streitsüchtigen Kräften in mir, zur Ruhe komme, daß ich aufhören kann zu kämpfen, daß ich mich vom Kampfe ausruhen darf. Es ist die Ahnung, daß die vielen miteinander im Kampf liegenden Mächte einander in Ruhe lassen. In jedem von uns steckt eine Sehnsucht, daß der ewige Kampf in uns doch einmal aufhören möge, daß wir Ruhe finden und das Leben genießen dürfen, ohne ständig achtzugeben, ob uns ein Feind am Leben hindern möchte.

Herberge ist ein Ort, an dem ich mich bergen kann, an dem ich geborgen bin, an dem ich daheim bin. Herberge ist eine Unterkunft für Fremde, ein Ort, an dem wir auf unserem Weg unterkommen können, ein Obdach finden, einen schützenden Raum, in dem wir vor Wind und Wetter, aber auch vor feindlichen Menschen geschützt sind. So verweist das Wort auf unser Pilgerdasein. Wir sind wie Maria und Josef auf dem Weg, und wir sind in der Fremde. Wir sind Pilger, die hier keine bleibende Stätte haben. Aber dennoch dürfen wir erwarten, daß wir immer wieder auf Menschen treffen, die uns eine Herberge anbieten, bei denen wir eine Zeitlang geborgen und daheim sein dürfen. Aber die Herberge ist kein Haus, in dem wir immer bleiben können. Geborgenheit und Ungeborgensein, in dieser Spannung müssen wir leben. Jede Herberge, in der wir auf unserem Weg Heimat finden, weist hin auf die ewige Herberge im Himmel. In der Präfation für Verstorbene singen wir: „Wenn die Herberge der irdischen Pilgerschaft zerfällt, ist uns im Himmel eine ewige Wohnung bereitet." Jede Herberge ist Heimat nur auf Zeit, nie für immer. Für immer werden wir erst daheim sein, wenn Gott uns aufnimmt in die ewige Wohnung. Es wird keine Herberge mehr sein, aus der wir weiter ziehen, sondern ein Haus, in dem wir für immer zu Hause sein werden.

In meiner Jugend haben wir gerne die Herbergssuche gesungen und gespielt: „Wer klopfet an?" Es war sicher nicht nur die zu Herzen gehende Melodie dieses Liedes, sondern auch die Ahnung, daß es uns ja genauso gehen kann wie den Herberge suchenden Maria und Josef. Oft genug klopfen wir vergebens bei Menschen an, um eingelassen zu werden, um bei ihnen Heimat zu finden. Mein Vater hat die Herbergssuche wörtlich genommen und jedes Jahr an Weihnachten ausländische Studenten zu uns in die Familie eingeladen. Vielleicht fallen Dir auch Menschen ein, die zur Weihnachtszeit bei Dir anklopfen. Überlege, wie Du ihnen eine Herberge bieten kannst, entweder Dein Herz, in das Du sie einläßt, damit ihre sich widerstreitenden Emotionen zur Ruhe kommen, oder Dein Haus, Deine Familie, in die Du sie einlädst. Überfordere Dich nicht und handle nicht aus einem schlechten Gewissen heraus. Denn das wird Dir nicht gut bekommen. Aber vielleicht löst das Bild der Herberge in Dir Ideen aus, wie Du andere beherbergen kannst, ohne aus Deiner eigenen Herberge vertrieben zu werden.

25. Maria

Maria steht im Mittelpunkt der Weihnachtsgeschichte. Von ihr sagt Lukas ganz nüchtern: „Sie gebar ihren Sohn, den Erstgeborenen. Sie wickelte ihn in Windeln und legte ihn in eine Krippe, weil in der Herberge kein Platz für sie war" (Lk 2,7). Und als die Hirten erzählten, was ihnen über das Kind gesagt worden war, heißt es wieder von Maria: „Maria aber bewahrte alles, was geschehen war, in ihrem Herzen und dachte darüber nach" (Lk 2,19). Es sind also fünf Tätigkeitswörter, die von Maria ausgesagt werden: sie gebar, sie wickelte, sie legte, sie bewahrte und sie dachte nach.

Als die Gebärende ist Maria die Mutter. Die Mutter bringt Leben hervor. Sie ist der fruchtbare Acker, auf dem die Frucht des Geistes heranwächst. Maria ist die Geistmutter. Sie bringt den Sohn hervor, der zugleich Geist ist, Logos des Vaters. Maria wickelt ihr Kind. Sie sorgt für es. Sie ist die schützende Mutter, die dem Kind Wärme schenkt und es vor der Kälte dieser Welt bewahrt. Maria legt das Kind in die Krippe. Legen kommt von liegen. Sie bringt das Kind zum Liegen. Das griechische Wort „anaklinein", das Lukas braucht, heißt auch „hinlegen und anlehnen". Maria verschafft dem Kind eine bequeme Lage. Es liegt weich in dem Futtertrog. Und Lukas denkt offensichtlich daran, daß es sich beim Liegen anlehnt an die Mutter. Kinder liegen gerne angelehnt an die mütterliche Brust, oder sie liegen auf dem Schoß der Mutter. Sie fühlen sich getragen, gehalten, geborgen. Maria ist nicht nur die gebärende, sondern auch die bergende, schützende und tragende Mutter, bei der das Kind sich daheim fühlt. Sie verweist Dich auf den mütterlichen Gott, bei dem Du Dich anlehnen kannst, bei dem Du geborgen und getragen bist.

Nach der Geburt wird von Maria gesagt, daß sie alle diese Worte bewahrte und im Herzen darüber nachdachte. Die beiden griechischen Wörter „synterein" und „symballein" lassen noch an etwas anderes denken. „Synterein" heißt: „ein Auge werfen, bewachen, beobachten, bewahren". Maria nimmt die Worte auf, die die Hirten ihr sagen, so wie sie das göttliche Wort in ihrem Schoß aufgenommen hat. Sie schaut mit ihrem Herzen genau auf diese Worte. Sie sieht ihnen auf den Grund. Sie bewacht das Wort, das Gott ihr sagt, damit es unter den vielen Worten dieser geschwätzigen Welt nicht verlorengeht. „Symballein" heißt eigentlich: „zusammenwerfen, zusammentragen, verbinden, begegnen, vergleichen, bei sich bedenken". Maria vergleicht die verschiedenen Worte, die sie gehört hat, miteinander und mit der Wirklichkeit, die sie selbst erfahren hat. Dadurch versteht sie besser, was geschehen ist. Sie erwägt die Worte, sie wiegt sie, so wie sie das Kind wiegt, um mit ihrem Herzen zu erspüren, was diese Worte ihr sagen, wie diese Worte schmecken, was sie in ihrem Herzen bewirken.

Die Künstler haben in ihren Weihnachtsbildern Maria und das Kind immer in den Mittelpunkt gesetzt. Da hält Maria das Kind an ihrer Brust, oder sie küßt es herzlich. Auf Ikonen wendet Maria ihren Blick von Jesus ab und schaut zum Beschauer des Bildes. Sie verkündet uns mit ihrer ganzen Existenz das Geheimnis der Menschwerdung. Im Mittelalter kniet Maria oft vor dem Kind in der Krippe oder vor dem Kind, das auf dem Boden liegt, und betet es an. In diesen Bildern drücken die Künstler aus, was Lukas in den fünf Verben zum Ausdruck gebracht hat. Maria spürt das Geheimnis dieser Geburt. Sie bedenkt in ihrem Herzen immer wieder, was da geschehen ist. Sie meditiert sich hinein in das Geheimnis ihres Kindes, damit sie diesem Kind gerecht wird.

Maria ist für Lukas die glaubende Frau. In ihr zeichnet er uns ein Bild, wie auch wir an die Menschwerdung Gottes in Jesus Christus glauben können. Unsere Reaktion auf die Geburt Jesu kann man nicht besser ausdrücken als durch die beiden Worte: bewahren und bedenken, beobachten und im Herzen hin und her bewegen. Wir sollen das Wort Gottes im Herzen bewahren, wir sollen es vergleichen mit der Realität, in der wir stehen, bis sich das Wort uns erschließt und wir im Licht des Wortes unsere Wirklichkeit neu erkennen, bis wir staunend vor dem Geheimnis der Liebe Gottes in unserem Leben niederfallen.

26. Josef

Auf den Weihnachtsbildern wird Josef erst seit dem 6. Jahrhundert dargestellt. Manchmal wird er mit einem kegelförmigen Judenhut gezeigt als Vertreter des Alten Testamentes oder der jüdischen Synagoge. Auf den Ikonen erklärt einem nachdenklichen Josef der Prophet Jesaja das Geheimnis der jungfräulichen Geburt. Im späten Mittelalter wird Josef auf den Weihnachtsdarstellungen zunehmend aktiver. Da hilft er als Hausmann bei der Zubereitung des Bades. Er schürt das Feuer oder kümmert sich um das Essen. Häufig hat er die Schuhe ausgezogen. Das erinnert an Mose, der vor dem brennenden Dornbusch die Schuhe ausziehen mußte, um seine Ehrfurcht vor dem heiligen Boden zum Ausdruck zu bringen. Auf manchen Bildern spielen die Hosen Josefs eine Rolle. Er zieht sie sich gerade aus oder hat sie sich schon ausgezogen, um damit das nackte Jesuskind zu bedecken. Seine Hosen werden zu den Windeln, mit denen das Kind gewickelt wird. Bei einem Kurs über die Weihnachtssymbole erregte gerade dieses Bild das Interesse der Teilnehmer. Wenn Josef die Hosen auszieht, so kann es heißen, daß er ohne Maske und Rolle, sondern nackt, so wie er in Wirklichkeit ist, sich dem Geheimnis der Menschwerdung naht. Die Redewendung „Er oder sie hat die Hosen an" drückt die Dominanz eines Ehepartners aus. Josef gibt jede Dominanz auf, er tritt zurück in seiner Rolle als Vater. Er kann nur staunend vor dem Kind stehen. Martin Luther wehrt sich gegen diese „liederlichen" Josefsdarstellungen, während die visionäre Nonne Margarete Ebner in einer Vision auf ihre Frage, warum Josef gerade die Hosen dem göttlichen Kind als Wickeln reichte, die Antwort Jesu erhielt: „Er wickelte mich in das, was er hatte; er hatte nicht das, was mir ziemte." Dann ist es eine Ermutigung, gerade mit dem, was wir haben, das göttliche Kind zu wickeln, ohne Angst, ob das, was wir zu bieten haben, auch gut genug sei und passe.

In der Bibel hat vor allem Matthäus ein Bild des Josef gezeichnet. Während bei Lukas Maria im Mittelpunkt der Geburtsgeschichte steht, erzählt Matthäus die Geburt aus der Sicht des Josef. In dieser Gestalt beschreibt Matthäus, wie wir angemessen auf die Geburt des Messias reagieren sollten. Von Josef heißt es, daß er gerecht war. Er will Maria nicht bloßstellen. Die unerklärliche Schwangerschaft wäre eigentlich ein Grund, sie anzuklagen. Dann hätte Maria als Strafe entweder Steinigung oder Drosselung zu erwarten. Doch Josef will seine Braut schonen und sich in aller Stille von ihr trennen. Er ist gerecht, d. h. er handelt richtig, er wird seiner Braut gerecht, er wird auch der Situation gerecht, in die er geraten ist. Es kommt ihm nicht darauf an, daß dem Gesetz Genüge getan wird. Er will nicht dem Gesetz gerecht werden, sondern dem Menschen. Seine Gerechtigkeit gibt dem Menschen den Raum, in dem er sich aufrichten und richtig leben kann.

Noch während Josef darüber nachdenkt, wie er richtig reagieren soll, greift Gott in seine Überlegungen ein. Er schickt ihm im Traum einen Engel, der ihm das Geschehene erklärt und ihm den Auftrag gibt, Maria als seine Frau zu sich zu nehmen. Mit dem Verstand kann Josef nicht erklären, was geschehen ist. Da braucht er den Traum, da muß ein Engel zu ihm kommen, um ihm die Augen zu öffnen für die eigentliche Wirklichkeit. Josef hört auf den Traum. Gehorsam folgt er dem, was der Engel ihm gesagt hat. „Als Josef erwachte, tat er, was der Engel des Herrn ihm befohlen hatte" (Mt 1,24). Die Geburtsgeschichte Jesu ist bei Matthäus immer wieder von Träumen begleitet, in denen ein Engel des Herrn Josef jeweils erklärt, was gerade geschieht, und ihm eine konkrete

Weisung für sein Handeln erteilt. Im Traum erkennt Josef, daß er nach Ägypten fliehen muß, und er tut es. Im Traum erfährt er vom Engel, daß Herodes gestorben ist und es nun Zeit ist, zurückzukehren. Und er steht auf und zieht mit Maria und dem Kind zurück in das Land Israel. Der Traum befiehlt ihm, nicht nach Judäa zu gehen, sondern nach Galiläa. So läßt er sich in Nazaret nieder. Auch hier sind die Verben wichtig, die das Handeln Josefs beschreiben. Josef denkt nach, er reflektiert seine Situation. Aber er hört auch auf den Traum, der ihm die Wirklichkeit in einem neuen Licht zeigt. Er ist gehorsam. Als Reaktion auf den Traum steht er auf. Er stellt sich auf die eigenen Füße. Er steht zu der Situation, in die er geraten ist. Und er steht zu Maria und dem Kind, die ihm anvertraut sind. Er nimmt die Mutter und das Kind. Das griechische Wort meint: annehmen, berühren, in die Hand nehmen, schützen. Josef nimmt Maria und das Kind so an, wie sie sind, stellt sich schützend vor sie und hält seine Hand über sie. Und dann heißt es immer wieder: Er machte sich auf den Weg, er floh. Josef ist Bild des Pilgers, der sich immer wieder neu auf den Weg macht, wenn er im Traum dazu Weisung erhält.

Wir brauchen nicht nur die mütterliche Art Mariens und ihren vertrauenden Glauben, damit Gott in uns geboren werden kann. Wir brauchen auch den Josef in uns, der das Kind und die Mutter schützt. Wir brauchen unsere männliche Seite, die tatkräftig handelt, die durch Disziplin und Gehorsam den Raum schützt, in dem Maria das Kind auf ihren Armen hält. Der Mutterschoß, in dem das göttliche Kind in uns geboren wird, braucht auch die Kraft des Mannes, der ihn vor allen äußeren Gefahren bewahrt. Aber der Mann muß auf die Träume hören, damit er richtig handelt. Ohne Träume wird der Mann blind. Schau auf die Josefsdarstellungen der Weihnachtsbilder, oder lies die Weihnachtsgeschichte von Josef her. Vielleicht findest Du auch in ihm Züge, die Dir Leben ermöglichen und das Neue schützen, das in Dir aufbricht.

27. Hirten

Die Hirten sind die ersten Zeugen für die Geburt des Messias. Nicht den Mächtigen und nicht den Schriftgelehrten wird die Botschaft von dem neugeborenen Messias verkündet, sondern den Hirten. Das Bild der Hirten ist ambivalent. Die rabbinische Literatur sieht sie sehr negativ. Sie werden als Betrüger verdächtigt. Von Rabbi Jose ben Chanina stammt das Wort, es gäbe „keine verächtlichere Beschäftigung in der Welt als die des Hirten". Dann würde die Verkündigung an die verachteten Hirten die Armut des göttlichen Kindes betonen. Das wäre ein Trost für all die Menschen, die sich selbst verachten. Gerade ihnen würde die Botschaft von der Geburt Christi gelten. Sie dürften mitten in ihrer Selbstverachtung darauf setzen, daß Christus auch für sie geboren wurde, daß Gott sich in der Geburt seines Sohnes gerade ihnen zuwendet und ihnen eine „große Freude" verkündet. Gerade für sie öffnet sich der Himmel, und die Engel Gottes umgeben sie mit ihrem Glanz und ihrer zärtlichen Liebe. Ihnen ist der Retter geboren, der sie befreit von den Mustern der Selbstverachtung und Selbstverletzung.

Gegenüber dieser negativen Sicht gibt es aber sowohl in der jüdischen als auch der griechischen Tradition ein positives Bild des Hirten. Die Patriarchen waren Hirten, ebenso Mose und David. Gott selbst ist der Hirte, der uns auf guter Au weidet (vgl. Ps 23). Ja, Gott verheißt dem Volk die Geburt des messianischen Hirten (vgl. Mi 5). Die Geburt des Hirten, der nach Gottes Vorstellung sein Volk in Gerechtigkeit lenken soll, wird gerade beim Herdenturm in Betlehem erwartet. Die Griechen kennen das

Motiv, daß Hirten den königlichen Säugling entdecken. Vergil meint, daß Gott das Geheimnisvolle oft den Hirten offenbare. Und Origenes übernimmt diese Sicht des Vergil. Er glaubt, die Engel hätten zuerst den Hirten die Frohe Botschaft verkündet, weil sie unverdorben seien und so für Gottes Wort empfänglich. In vielen Kulturen ist der Hirte Bild für eine umsichtige und fürsorgliche Vaterfigur.

Wenn ich mich an meine Kindheit zurückerinnere, dann lösten die Hirten in mir eher das Gefühl von Ehrfurcht aus. Die Hirten halten Nachtwache. Sie trauen sich in die Nacht. Sie haben keine Angst vor Räubern und wilden Tieren. Sie wachen, während die andern Leute schlafen. Sie sind vertraut mit der Nacht, mit dem Dunklen und Geheimnisvollen. Und sie hüten ihre Herde. Sie schützen die Schafe vor Löwen und Wölfen. Behüten ist etwas Mütterliches. Die Hirten sorgen für ihre Schafe und bewachen sie. Sie sind gleichsam ein schützender Hut für sie. Jesus selbst hat sich ja als guten Hirten bezeichnet, der sein Leben hingibt für seine Schafe und der seine Schafe alle einzeln kennt (Joh 10,11.14). Die Hirten sind nicht nur vertraut mit der Nacht, sondern auch mit den Tieren. Sie sind näher an der Natur dran als die Stadtbewohner. Sie haben ein Gespür für das Vitale, Instinkthafte, Triebhafte. Sie gehen achtsam um mit ihren Trieben und Instinkten. Sie wüten nicht gegen ihre Triebe, sondern hüten sie als etwas Kostbares. Sie werden nicht von ihnen beherrscht, sondern sie lenken und leiten und schützen sie. Daher sind sie offener für das Geheimnis der Gottesgeburt mitten in der Nacht und mitten unter den Tieren.

Hirtenlieder besingen die Liebe. Die Weihnachtskonzerte von Corelli und Manfredini, die Sinfonia im Weihnachtsoratorium von Bach und die Pastorale im „Messias“ Händels erinnern mit ihrem Siziliano-Takt an die Musik der Hirten in den Abruzzen. Es klingt in ihnen etwas Wiegendes an. Die Musik vermittelt Geborgenheit und Liebe. Die Hirtenmusik zeichnet die Hirten nicht als die Verachteten und an den Rand Gedrängten, sondern als Menschen, die etwas vom Leben und von der Liebe verstehen. Sie sind fähig zur Intimität der Liebe. Weil sie der Liebe näher stehen, erkennen sie in der Geburt Christi das Geheimnis der göttlichen Liebe.

So ist es nicht zu verwundern, daß sich die Engel an die Hirten wenden und ihnen die Geburt des Messiaskindes verkünden. Sofort machen sie sich auf den Weg, „um das Ereignis zu sehen, das uns der Herr verkünden ließ“ (Lk 2,15). Und als sie das Kind und die Mutter gesehen hatten, kehrten sie zurück und lobten Gott. Die Künstler haben die Anbetung der Hirten besonders liebevoll gestaltet. Da falten sie ihre schwieligen Hände zum Gebet, da werden ihre manchmal derben Gesichter zärtlich und hellen sich auf. Die Krippendarstellungen aller Völker haben eine Vorliebe für die Hirten, die das, was sie besitzen, mitbringen, um es dem Kind in der Krippe zu schenken. Schau Dir diese Hirten an, ob Du Dich darin wiederfindest. Geh so, wie Du bist, an die Krippe, und halte Deine Hände dem göttlichen Kind hin, Deine abgearbeiteten und verletzten Hände, Deine zärtlichen Hände, Deine leeren Hände, aus denen Dir alles entglitten ist, was Du dem Kind in der Krippe vorweisen möchtest. Du brauchst keine Gaben, keine Leistungen, um das Kind zu beschenken. Deine leeren Hände genügen. In ihnen hältst Du Deine Wahrheit dem Kind hin. Das verwandelt Deine Hände, das macht sie so zärtlich und liebevoll wie die Hände der Hirten auf den Weihnachtsbildern.

28. Engel

Engel spielen in der Weihnachtsgeschichte eine wichtige Rolle. Der Engel Gabriel verkündet Maria die Geburt eines Sohnes. Ein Engel überbringt den Hirten die Frohe Botschaft: „Heute ist euch in der Stadt Davids der Retter geboren; er ist der Messias, der Herr“ (Lk 2, 11). Und ein himmlisches Heer von Engeln stimmt das weihnachtliche Lied an: „Ehre sei Gott in der Höhe und Friede den Menschen auf Erden“. Ein Engel kommt im Traum immer wieder zu Josef und erklärt ihm, was geschehen ist und wie er darauf reagieren soll. Die Weihnachtsbilder sind ohne Engel nicht vorstellbar.

Engel (griechisch: angelos) sind Boten Gottes. Sie verkünden den Menschen Gottes Wort. Sie zeigen ihnen Gottes helfende und heilende Nähe an. Sie greifen ein in ihr Leben, schützen sie vor Gefahren, behüten sie auf ihren Wegen, und sie sprechen im Traum zu ihnen. Engel sind Botschafter einer anderen, tieferen Wirklichkeit. Sie sind Bilder unserer Sehnsucht nach Geborgenheit und Heimat, nach Leichtigkeit und Freude, nach Lebendigkeit und Liebe. Sie verbinden Himmel und Erde miteinander. Sie öffnen für uns den Himmel, und sie geben unserem Leben einen himmlischen Glanz. Als der Engel des Herrn zu den Hirten trat, da umleuchtet sie der Lichtglanz Gottes. Gottes Herrlichkeit umstrahlt sie. Ihr Leben wird heller und heiler. Aber die Engel sind im Lukasevangelium nicht die niedlichen kleinen Kinder mit Flügeln. Die Reaktion der Hirten ist Furcht, Betroffenheit, Erschrecken. Sie spüren Gottes glanzvolle, aber auch mächtige Gegenwart im Engel. Doch der Engel nimmt ihnen die Furcht. Er verkündet ihnen eine große Freude. Das ist ein weiterer wichtiger

Zug an den Engeln. Sie sind Boten der Freude. Sie bringen in unseren oft tristen Alltag etwas von der Freude, die in Gottes heilender Nähe ihre eigentliche Quelle hat.

Neben dem mächtigen Verkündigungsengel erscheint nun „ein großes himmlisches Heer, das Gott lobte" (Lk 2,13). Die Engel verbinden Himmel und Erde miteinander. Sie heben die Grenze auf, die uns hier auf Erden von der himmlischen Herrlichkeit trennt. Die Engel verrichten den liturgischen Dienst im Himmel. Sie loben allezeit Gott. Und wenn wir Menschen Gottesdienst feiern, dann öffnet sich auch für uns der Himmel, und wir nehmen teil an der himmlischen Liturgie. Die Kunst hat das himmlische Heer der Gott preisenden Engel als eine Schar von kindlichen Engeln dargestellt, die aus vollem Herzen singen und mit allerlei Instrumenten spielen. Die weihnachtlichen Engelbilder atmen den Hauch von Leichtigkeit, Freude, Lust am Leben. Die Kunst hat hier einen wichtigen Aspekt der Engel zum Ausdruck gebracht. Engel öffnen uns den Himmel. Sie heben die Erdenschwere auf. Sie lassen uns teilhaben an der Leichtigkeit des Seins. Sie vermitteln Lust am Leben, eine kindliche Freude, daß wir sind, daß wir vor Gott sein dürfen und Gott loben dürfen. Sie drücken Zustimmung zum Sein aus, Einverständnis mit unserem Leben, das durch Gott heil wird und hell.

Laß Dich von den weihnachtlichen Engeln einführen in die Leichtigkeit des Seins, in die Freude am Leben. Laß Dir von ihnen sagen, daß Gott Wohlgefallen an Dir hat. Vielleicht bekommst Du dann auch Flügel und kannst Dich mit ihnen über die graue Wirklichkeit emporheben, so daß der Himmel sich über Dir öffnet. Unter den vielen Engeln auf den Weihnachtsbildern ist ganz gewiß einer, der für Dich bestimmt ist, um Dir allein die große Freude zu verkünden, daß für Dich der Retter geboren wurde. Er ist der Messias, der Dich befreit von den Fesseln, die einengen und am Leben hindern, der Herr, der zu Dir steht, der Dir beisteht, damit Dein Leben gelingt.

29. Traum

Bei Matthäus haben die Träume um die Geburt Jesu eine entscheidende Bedeutung. Josef erkennt erst im Traum das Geheimnis seiner Braut und ihrer Schwangerschaft. Mit dem Verstand kann er nicht wahrnehmen, was da geschieht. Der Traum gibt ihm die richtigen Weisungen, wie er mit Maria und mit dem neugeborenen Kind umgehen soll. Auch die Magier hören auf ihre Träume. Der Stern und die Träume weisen ihnen den Weg zum neugeborenen Königssohn. Und im Traum erfahren sie, daß sie auf einem anderen Weg wieder heimkehren sollen.

Was an Weihnachten geschieht, ist wie ein Traum, kein Tagtraum, keine Illusion, sondern die Erfüllung all unserer Träume von einem erfüllten Leben und von einem neuen Anfang. Unsere Träume sprechen die gleiche Sprache wie Matthäus und Lukas, wenn sie von der Geburt Christi berichten. In unseren Träumen gibt es Kinder, die uns auf das Neue hinweisen, das in uns aufbrechen möchte. Da gibt es Sterne, die am Himmel leuchten und vom Himmel zu uns herabsteigen und uns eine Botschaft vermitteln. Da gibt es Könige und Hirten, da gibt es Ochs und Esel. In unseren Träumen gibt es auch die Jungfrau, die ein Kind gebiert. Da müssen wir das Kind nicht zeugen. Es wird uns unmittelbar von Gott geschenkt. Das heißt nicht, daß die Bibel nicht Geschehenes erzählt. Aber sie erzählt es in einer Sprache, die der unserer Träume ähnelt. Wenn wir wie Josef unseren Träumen trauen, dann verstehen wir auch das Geheimnis von Weihnachten. Dann brauchen wir nicht mit unserem Verstand zu grübeln, wie das denn wirklich war damals in Betlehem. Das ist nicht so wichtig. Was uns die Träume sagen, wird Wirklichkeit. Gott wird Mensch, unser Leben wird verwandelt. Da geschieht ein neuer Anfang. Da wird unsere Nacht auf einmal hell. Da singen Engel ihre Lieder.

Ein Priester erzählte mir einen Traum, in dem er ein großes Licht gesehen hat. Da war für ihn klar, daß Gott wirklich da ist und ihn erleuchtet. Er mußte nicht mehr an Gott glauben. Gott war eine innere Gewißheit für ihn geworden. Die Aussage des Johannes, daß Gott Licht ist, wurde für ihn zur Wirklichkeit. Gott erleuchtet meine Finsternis. Weihnachten will Dich einladen, Deinen Träumen aufs neue zu trauen. Träume sind nicht nur Schäume. Sie zeigen Dir, was wirklich in Dir geschieht. Auch in Dir geschieht die Geburt des Kindes aus der Jungfrau. In Deiner Seele liegt so viel Unberührtes bereit, daß Gott es allein durch sein Wort im Traum zum Leben erwecken kann. Gott selbst schafft in Dir etwas Neues. Du bist gottunmittelbar. Und wenn Gott tätig wird, heißt das auch: Du mußt nicht alles selbst erarbeiten und brauchst nicht alles von andern zu erwarten. In Dir ist die Jungfrau, die das göttliche Kind gebiert. In Dir ist ein neuer Anfang. Das ursprüngliche Bild, das Gott sich in Deiner Geburt von Dir gemacht hat, strahlt mitten in der Nacht Deines Lebens so hell auf wie ein Stern. Du bist etwas Einmaliges und Besonderes. Auch in Dir geschieht das Wunder der Weihnacht. Dein Stall wird zu einem Ort der Anbetung, Deine Nacht zum hellichten Tag. Deine Angst wird in Vertrauen verwandelt, Deine Kälte in Liebe.

30. Weihnachtsfriede

Daß auf der Erde Friede sei, ist der zentrale Weihnachtswunsch. Bei den Ansprachen des Bundespräsidenten zum Weihnachtsfest wird immer wieder auf das Thema des Friedens abgehoben. In der Liturgie ist das Thema des Friedens durchlaufend angesprochen. Schon die erste Weihnachtsvesper beginnt mit der Antiphon „Rex pacificus = Der Friedenskönig". Die Engel loben Gott auf dem Hirtenfeld mit dem weihnachtlichen Gesang: „Ehre sei Gott in der Höhe und Friede auf Erden den Menschen seiner Gnade" (Lk 2, 14). Durch die Geburt Jesu wird der Lichtglanz, der Gott im Himmel gebührt, auf Erden sichtbar. Und wenn Gottes Herrlichkeit unter uns Menschen erscheint, dann ist die Kluft zwischen Gott und Mensch aufgehoben, dann ist Friede zwischen Gott und Mensch. Und dieser Friede ermöglicht auch den Frieden unter den Menschen. Denn nur der sich selbst und Gott entfremdete Mensch ist unfähig zum Frieden. Sobald er mit sich zufrieden ist und mit Gott im Frieden lebt, wird er auch mit seinen Brüdern und Schwestern Frieden halten.

Lukas hat mit seiner weihnachtlichen Friedensbotschaft sicher ein Gegenprogramm gegen den Friedenskaiser Augustus aufgestellt. Lukas verbindet ja die Geburt Jesu bewußt mit Kaiser Augustus, der den Befehl zur Eintragung in die Steuerlisten gegeben hat. Augustus galt für seine Zeitgenossen als der große Friedensbringer, der der ganzen Welt Frieden ermöglichte. Im Jahre 9 v. Chr. baute man daher in Rom die „ara pacis = den Friedensaltar". Und in der Inschrift von Priene aus dieser Zeit heißt es: „Die Vorsehung, die über allem Leben waltet, hat diesen Mann zum

Heil der Menschen mit solchen Gaben erfüllt, daß sie ihn uns und den kommenden Geschlechtern als Heiland gesandt hat; aller Fehde wird er ein Ende machen." Lukas will in seinem Evangelium seinen Zeitgenossen Jesus als den eigentlichen Friedensbringer aufzeigen. Als Jesus in Betlehem geboren wurde, da verkündeten die Engel den Frieden. Dieser Friede ist nicht nur ein innerweltlicher Friede, sondern er hat seine Wurzeln in der Herrlichkeit Gottes, die sich in der Menschwerdung seines Sohnes auf die Erde herabgesenkt hat.

Der Friede, den Christus durch seine Geburt uns bringt, ist nicht nur Vermeiden innerweltlicher Kriege. Er meint vielmehr ein Heilsein des ganzen Menschen in allen seinen Bezügen. Er meint, daß ein Mensch ganz einverstanden mit sich sein kann, weil er sich von Gott ganz und gar geliebt weiß. Durch die Geburt Gottes als Kind kann der Mensch mit sich selbst in Einklang kommen. Da spürt er, daß Menschsein nicht mehr Entfremdung, Abgeschnittensein vom göttlichen Wurzelgrund ist, so wie Plato es gesehen hat. Wenn Gott Mensch wird, dann kann der Mensch sich selbst vorbehaltlos bejahen, dann entdeckt er seine göttliche Würde. Und dieses Einverstandensein mit sich ermöglicht uns auch den Frieden mit der Schöpfung und den Frieden mit anderen Menschen. Sie sind nicht mehr unsere Feinde. Wenn sie uns befeinden, wünschen wir ihnen den gleichen Frieden, den wir in unserem Herzen erfahren.

Ich erfahre an Weihnachten diesen inneren Frieden, wenn ich mir vorstelle, daß in mir Christus geboren wird. Wenn ich in mich hineinschaue, dann stoße ich nicht nur auf meine Probleme, auf meine Zerrissenheit, auf meine enttäuschten Wünsche und Illusionen, auf meine Verletzungen und Kränkungen. Ich spüre, daß in mir ein Raum ist, der voller Friede ist, weil Christus selbst darin wohnt. Und von diesem inneren Raum her kann ich in Frieden kommen mit mir und meinem Leben. Und von dieser Erfahrung des inneren Friedens gehen auch friedvolle Gedanken zu meinen Mitmenschen. Da haben feindliche und ärgerliche Gedanken keinen Raum. Friede ist für mich nicht zuerst ein Appell, daß ich mit allen friedlich leben sollte. Vielmehr entspringt der Friede zu den Menschen der Erfahrung meines inneren Friedens. Ich muß dann gar keinen Frieden schaffen. Es ist in mir Friede. Und der breitet sich von allein aus.

31. Christbaum

Seit dem 16. Jahrhundert ist es in Deutschland üblich, an Weihnachten geschmückte Tannenbäume aufzustellen. Die Tanne, die auch im Winter ihr grünes Kleid behält, ist ein altes Symbol für die göttliche Kraft des Lebens, das sich auch durch die Kälte des Winters nicht besiegen läßt. Der Christbaum geht auf den alten germanischen Brauch zurück, in den Rauhnächten grüne Zweige in den Häusern aufzuhängen, um die bösen Geister abzuwehren. Dabei wurden die Dämonen in doppelter Weise abgewehrt: Die immergrüne Pflanze soll ihre Lebenskraft auf Mensch und Tier übertragen. Und das Licht soll die dunkle Winternacht erhellen und durch seinen Schein die Geister vertreiben. In der christlichen Tradition soll der Baum als immergrüner Baum und zugleich als Lichterbaum Christus in die Häuser bringen und alle Dämonen der Angst, der Feindschaft und der Eifersucht aus ihnen verbannen. Mitten im kalten und dunklen Winter will er Wärme und Licht in unsere Welt bringen.

Die Christen haben den Tannenbaum an Weihnachten als Paradiesesbaum verstanden, von dem die „Früchte des Lebens" gepflückt werden. Die Früchte des Lebens werden in Äpfeln und Nüssen dargestellt, die seit alters an den Baum gehängt werden, oder auch durch Christbaumkugeln, die ein Bild für das Ganze und Heile des Paradieses sind. Nach einer alten Legende sandte der todkranke Adam seinen Sohn Set in das Paradies, um ihm Öl vom Baum des Lebens zur Linderung seiner Schmerzen zu holen. Doch der Erzengel Michael gab Adam den Bescheid, erst in 5500 Jahren werde der Sohn Gottes auf die Erde kommen, um ihn selbst zum Lebensbaum, zum Baum der Barmherzigkeit und Gnade zu führen. Doch Michael gab zugleich mit dieser Verheißung dem Set ein Reis vom Lebensbaum mit, er solle es in die Erde pflanzen. Der Christbaum ist so ein Reis vom Baum der Gnade, zu dem uns Gott in der Geburt seines Sohnes führt, damit sein Öl unsere Schmerzen lindere.

Der Baum ist in allen Völkern ein wichtiges Symbol für die Fruchtbarkeit und Quelle des Lebens. In der Antike wurden die verschiedenen Bäume jeweils einem Gott zugeordnet, so Jupiter die Eiche, Apollo der Lorbeer und Venus die Myrte. Das Alte Testament kennt den Lebensbaum des Paradieses bzw. den Baum der Erkenntnis. Dieser Lebensbaum wurde im Christentum im Kreuz verwirklicht gesehen. Das Kreuz ist der eigentliche Baum, der uns Leben bringt, der nie verdorrt, weil Christus selbst daran gehangen hat. Der Baum verbindet Himmel und Erde. Er ist tief in der Erde verwurzelt und zieht aus der Mutter Erde seine Kraft. Zugleich ragt er in den Himmel und entfaltet seine Krone nach oben. So ist er ein Bild des Menschen, wie er sein sollte, wenn er wie ein Baum verwurzelt ist und doch aufrecht steht, wie ein königlicher Mensch mit einer Krone. Der Baum, der Schatten spendet, ist ein mütterliches Symbol. Der Baumstamm dagegen ist häufig ein Phallussymbol. So verbindet der Baum männliche und weibliche Züge in sich. Er verbindet nicht nur Himmel und Erde, sondern auch Mann und Frau miteinander.

Im Christbaum sind einige Züge der allgemeinen Symbolik von Bedeutung. Da ist einmal die Verbindung zwischen Himmel und Erde. An Weihnachten hat Gott die Grenze zwischen Himmel und Erde aufgehoben, da ist der Himmel mitten auf der Erde sichtbar erschienen. Dann hat sicher das Bild des abgehauenen Baumes, der wieder ausschlägt, Einfluß auf den Christbaum gehabt. Die adventliche Verheißung aus dem Buch des Propheten Jesaja, daß aus dem Baumstumpf Isais ein Reis hervorsprießt, wird hier bildlich dargestellt. Gerade dort, wo ich gescheitert bin, wo etwas in mir abgeschnitten wurde, wo ein Weg nicht mehr weiter ging, da schenkt mir die Geburt Christi die Gewißheit, daß etwas Neues in mir aufbricht, daß etwas in mir heranwächst, was authentischer und schöner wird als alles Bisherige. Der Christbaum ist ein Bild dafür, daß durch die Geburt Christi das Leben in uns für immer siegt und sich durch keine Winterkälte verdrängen läßt und daß der Kampf der Geschlechter gegeneinander überwunden ist. Wenn Gott geboren wird, dann zählt der Gegensatz von Mann und Frau nicht mehr, dann sind alle eins in ihrer göttlichen Natur.

Das ist die Verheißung, die wir im Christbaum ausdrücken, dem immergrünen Baum, den wir mit glänzendem Lametta, mit Weihnachtskugeln und mit Kerzen schmücken. Die Tannenzweige des weihnachtlichen Schmuckes verbreiten einen eigenartigen Duft. Wenn ich diesen Tannengeruch rieche, dann kommen Gefühle hoch, die ich als Kind an Weihnachten hatte. Da ist dann eine Ahnung, daß unser Haus, daß mein Zimmer durch die Geburt Christi anders geworden ist, daß Gott mir nahe gekommen ist und er in meinem Hause, in meinem Zimmer wohnt. Und seine Nähe verbreitet einen Duft von Heimat und Geborgenheit, von Zärtlichkeit und Liebe. Es ist keine Nostalgie, die durch diesen Weihnachtsduft aufsteigt, sondern die Ahnung, daß Gott, das Geheimnis, selber unter uns wohnt. Und weil das Geheimnis unter uns wohnt, können wir in unserem Hause daheim sein. In der Tanne stellen wir die Wirklichkeit des Waldes, ja der Natur und der ganzen Schöpfung in unser Haus. Da wird der Zwiespalt von Natur und Zivilisation aufgehoben, da ahnen wir, daß wir auch in unseren Häusern teilhaben an der Kraft, die aus der Mutter Erde strömt. Durch die Menschwerdung Gottes wurde die ganze Schöpfung geheiligt. Und wir Menschen haben teil an dieser vergöttlichten Schöpfung.

Was löst in Dir der Duft des Tannenbaumes aus? Betrachte den Christbaum in Deiner Wohnung, und spüre in Dich hinein, welche Bilder da aufsteigen. Der geschmückte Baum drückt einen wichtigen Aspekt der Menschwerdung Gottes in Christus aus. Die ganze Natur wird verwandelt, wenn Gott selbst in sie hinabsteigt. Nicht nur Deine Lebensgeschichte wird geheilt, nicht nur das Vitale der Tiere, sondern auch der ganze vegetative Bereich in Dir wird verwandelt. Bis in Deinen Leib, bis in Dein vegetatives Nervensystem hinein will Christus hinabsteigen, um alles in Dir zu verwandeln und zu heilen. Und er will Dich mit göttlichem Wohlgeruch erfüllen, damit Du Dich buchstäblich selber riechen kannst, damit Du Dich wohl fühlst in Deiner Haut.

32. Geschenke

An Weihnachten war für uns Kinder immer auch die Bescherung wichtig. Wenn wir durch die Weihnachtsglocke in das geschmückte Wohnzimmer gerufen wurden, las der Vater zuerst das Weihnachtsevangelium, und wir sangen das Lied „Stille Nacht". Dabei warfen wir schon verstohlen einen Blick auf den Gabentisch, was da wohl in Weihnachtspapier eingewickelt für uns bereitlag. In den fünfziger Jahren hatte das Schenken sicher noch eine andere Bedeutung als heute. Wir waren mit wenigem zufrieden. Und wir konnten uns leichter an den Gaben freuen. Allerdings gelang es schon damals nicht immer, die Wünsche zufriedenzustellen. Als meine vierjährige Schwester eine Puppe mit Haaren bekam, erhielt die zweijährige deren Puppe – neu eingewickelt – ohne Haare. Als sie sie auspackte, warf sie sie in die Ecke. Mein Vater erklärte ihr in aller Geduld die Vorzüge ihrer Puppe, wie schön sie doch sei. Sie hörte sich das an. Aber nach dem Vortrag meines Vaters warf sie die Puppe erneut in die Ecke. Da war auch mein Vater machtlos. Aber irgendwie glichen wir andern Kinder dann die Enttäuschung meiner kleinen Schwester wieder aus.

Heute geraten viele in Geschenkstreß. Sie schenken nicht, weil der andere etwas braucht oder sich über das Geschenk freut, sondern um vor ihm gut dazustehen. Geschenke werden zur gegenseitigen Verpflichtung. Wir setzen einander unter Druck, damit wir den andern mit unserem Geschenk übertreffen. Wenn der andere uns mehr schenkt, haben wir ein schlechtes Gewissen. Aber so macht das Schenken keinen Spaß mehr. Manche klagen, daß sie doch schon alles hätten. Dann bereitet es schon Mühe, die Geschenke nur umweltgerecht zu entsorgen.

Und dennoch ist es durchaus sinnvoll, sich an Weihnachten etwas zu schenken. Die Tradition ist uralt. In Rom beschenkte man sich gegenseitig an Neujahr. Im Mittelalter war es entweder der Nikolaustag oder aber Weihnachten, an dem vor allem der Gutsherr seinen Angestellten Lebensmittel schenkte. Wenn Gott sich uns an Weihnachten schenkt, ist es angebracht, daß auch wir einander etwas schenken. Im Schenken bringen wir zum Ausdruck, daß wir selbst die Beschenkten sind. Das deutsche Wort „schenken" bedeutet ursprünglich, einem etwas zu trinken geben. Wir sagen ja auch heute noch, daß wir dem andern Wein einschenken. Schenken meint also, daß wir dem andern, der Durst hat, etwas einschenken, damit er seinen Durst stillen kann. Wer keinen Durst hat, dem soll man auch nichts schenken. Heute haben viele keinen Durst mehr danach, Süßigkeiten oder Wein oder Kleider oder Haushaltsgeräte geschenkt zu bekommen. Denn davon hat jeder schon genug. Aber jeder von uns dürstet nach Liebe, nach Zuwendung, nach Wertschätzung. So sehnen sich heute wohl die meisten nach einem Geschenk, das Ausdruck der Liebe ist. Wenn ich mein Herz in ein Geschenk hineinlege, dann erreicht es den andern, dann stillt es seinen Durst.

Manche Familien vereinbaren heute, daß sie sich nichts mehr schenken, weil doch alle schon genug haben. Darin liegt sicher etwas Gesundes. Aber es gibt auch eine Geschenkaskese, die nur Ausdruck von Phantasielosigkeit ist. Sich einander zu beschenken ist Zeichen von Liebe und lebendiger Beziehung. Ein Mann erzählte mir, daß er von seiner Großmutter jedes Jahr an Weihnachten ein Paar selbstgestrickte Socken bekommt. Die sind ihm ganz wertvoll, weil er ihre Liebe darin entdeckt, weil sie sich beim Stricken ihm zugewendet und für ihn gebetet hat. Überlege, wie Du Dein Schenken und Beschenktwerden gestalten möchtest. Vielleicht kannst

Du einem Freund einen Brief schreiben, in dem Du ihm sagst, wie sehr Du ihn schätzt und was Du ihm wünschst. So ein Weihnachtsbrief sollte nicht die üblichen Floskeln enthalten. Vielleicht kannst Du etwas schreiben, was Du Dich noch nie getraut hast, zum Ausdruck zu bringen. Oder Du kannst etwas malen, basteln, gestalten, um den andern zu beschenken und ihm durch Dein Geschenk seinen Durst nach Liebe zu stillen.

33. Stephanus

Schon einen Tag nach Weihnachten feiert die Christenheit ein Märtyrerfest. Einen stärkeren Kontrast kann man sich kaum vorstellen. Da ist das göttliche Kind in der Krippe. Und schon am nächsten Tag ist von der sinnlosen Wut der Verfolger die Rede, daß sie mit den Zähnen gegen Stephanus knirschen. Schon die Kirchenväter haben diesen Kontrast gesehen. Aber zugleich haben sie diese beiden Feste ineinander verzahnt. Fulgentius von Ruspe († 532) sieht die Verbindung der beiden Feste in seiner Stephanuspredigt so: „Gestern haben wir die zeitliche Geburt unseres ewigen Königs gefeiert, heute feiern wir das siegreiche Leiden seines Kämpfers. Gestern ging unser König, gehüllt in den Mantel des Fleisches, aus dem Schoß der Jungfrau hervor und besuchte in Gnaden die Welt, heute verließ der Streiter das Zelt des Leibes und zog als Sieger ein in den Himmel." Und er meint, daß Christus in seiner Menschwerdung nicht mit leeren Händen gekommen sei, sondern uns das Geschenk der Liebe mitbrachte, um uns zur Teilnahme an der göttlichen Natur zu führen. „Die Liebe, die Christus, den Herrn vom Himmel auf die Erde geführt hat, hob den Stephanus von der Erde zum Himmel empor. Die Liebe, die zuerst im König erschien, leuchtete danach auf in seinem Streiter."

Was Fulgentius hier eindrucksvoll in seiner Predigt ausführt, das entspricht der Sicht des Lukas. Lukas nennt Stephanus einen Mann erfüllt vom Heiligen Geist. Er ist Bild für den wahren Christen. Wir alle, die den Geist Jesu Christi empfangen haben, sind durch diesen Geist zu einer Liebe fähig geworden, die selbst den

Feinden noch vergibt. Was Jesus am Kreuz gebetet hat: „Vater, vergib ihnen, denn sie wissen nicht, was sie tun" (Lk 23,34), das betet jetzt mit ähnlichen Worten Stephanus: „Herr, rechne ihnen diese Sünde nicht an!" (Apg 7,60). In der Gestalt des Stephanus wird die Einheit von Krippe und Kreuz sichtbar, die schon in der Geburtserzählung in Lk 2 aufgeleuchtet ist. So wie die Herrlichkeit Gottes gerade in der Armut und Niedrigkeit der Krippe aufgestrahlt ist, so sieht Stephanus im Angesicht des Todes den Himmel offen und Jesus zur Rechten Gottes stehen (vgl. Apg 7,55f). Die Botschaft von Weihnachten muß sich bewähren in der Liebe, die auch uns in Bedrängnis bringen, uns gewissermaßen ans Kreuz schlagen wird, die auch uns in Situationen bringen wird, die wir nur bestehen können, wenn wir den Himmel offen sehen.

Die Legenden und die Kunst haben sich schon früh der Gestalt des hl. Stephanus angenommen. Eine Legende berichtet, daß Stephanus Stallknecht bei König Herodes gewesen ist. Wie die Magier sieht er den Stern von Betlehem aufleuchten und deutet ihn auf den neuen König, auf Christus. Deshalb läßt ihn Herodes steinigen. Auch wenn diese Legende in der Bibel keinen Anhaltspunkt hat, so bringt sie doch auf ihre Weise Krippe und Kreuz, Weihnachten und das Martyrium des Stephanus zusammen. Stephanus muß sterben, weil er den Stern gesehen, weil er der inneren Stimme seines Herzens getraut hat. Er gibt dem irdischen König keine Macht, sondern glaubt an die Macht des Messiaskönigs. Das ruft den Widerstand und die Angst des Herodes auf den Plan. Steine werden auf ihn geworfen und töten ihn.

Im Bild des Stephanus kannst Du sehen, wozu Du fähig bist. Auch Du bist voll des Heiligen Geistes, der Dich Christus ähnlich macht. In seiner Kraft kannst Du wie Stephanus dem Leben dienen – „Diener" bedeutet nämlich wörtlich die Bezeichnung seines Berufes. Und Du kannst selbst denen noch vergeben, die Steine auf Dich werfen. Wer Steine nach Dir wirft, zeigt nur, daß er selbst verhärtet und erstarrt ist. Doch wer wie Stephanus dem Leben dient, läßt sich von der Erstarrung und Verhärtung der Herzen nicht anstecken. Er hält sein Herz offen für die Liebe. Die Liebe wird auch Dir den Himmel öffnen, und Du wirst den im Himmel sehen, nach dem Du Dich im Grunde Deines Herzens sehnst.

34. Johannes

Wie kein anderer hat Johannes das Geheimnis der Menschwerdung Gottes meditiert. Das Tagesgebet an seinem Fest sagt, daß er „in gewaltiger Sprache“ das Geheimnis des ewigen Wortes verkündet hat. In seinem Evangelium und in den drei Briefen beschreibt er immer wieder, was Gott durch die Menschwerdung seines Sohnes an uns getan hat. In der Lesung spricht er davon, daß uns das Leben erschienen ist, daß es sichtbar geworden ist. Und Johannes versteht seine Aufgabe darin, uns das ewige Leben zu verkünden, „das beim Vater war und uns offenbart wurde“ (1 Joh 1,2). Er ist fasziniert von dem Geheimnis, daß das Unsichtbar-Göttliche sichtbar und greifbar geworden ist. Dadurch bekommen wir Menschen, die in der Finsternis und einer vom Tod bedrohten Welt leben, Anteil an der Herrlichkeit des göttlichen Lebens. In Christus ist das Licht in unserer Dunkelheit aufgeleuchtet, da ist das bisher verborgene Leben Gottes unter uns sichtbar geworden. In der Menschwerdung Jesu hat Gott sein ewiges Leben eingesenkt in die hinfällige und gottentfremdete Menschenwelt, da ist sein unvergängliches und unzerstörbares Leben in unsere vergängliche und dem Verderben verfallene Welt eingebrochen.

Johannes sieht schon in der Menschwerdung Jesu Gottes heilendes und erlösendes Handeln an uns. Die Krankheit und Not des Menschen besteht darin, daß er von Gott entfremdet ist, daß er abgeschnitten ist vom Urgrund des Lebens. Durch die Menschwerdung Jesu werden wir selbst erst wieder zu ganzen Menschen, zu Menschen, die aus der göttlichen Quelle trinken dürfen, zu

Menschen, die durchdrungen sind vom ewigen Leben und von der Liebe, die in Christus erschienen ist. Der Mensch ist ohne göttliches Leben sich selbst entfremdet. Er ist gelähmt und verkrüppelt (Joh 5) und tappt blind durch diese Welt (Joh 9). Erst wenn er wieder in Berührung kommt mit der göttlichen Quelle, die in ihm sprudelt, kann er sich aufrichten und die Augen öffnen, um die Wirklichkeit so zu sehen, wie sie eigentlich ist.

Die zentrale Botschaft des Johannes läßt sich in zwei Wörtern ausdrücken: Leben und Liebe. Gott hat uns in Jesus ewiges Leben geschenkt, eine neue Lebensqualität, wirkliches Leben, Leben in Fülle. Und in Jesus ist Gottes Liebe offenbar geworden. „Gott ist die Liebe“ (1 Joh 4, 16), das ist die treffendste Charakterisierung Gottes. „Wer in der Liebe bleibt, bleibt in Gott, und Gott bleibt in ihm“ (1 Joh 4, 16). Das ist die weihnachtliche Botschaft des Johannes. In der Liebe bekommen wir eine Ahnung, wer Gott ist. Ja durch die Liebe berühren wir Gott und haben teil an seiner ewigen Liebe. Die Liturgie drückt das durch den schönen Brauch aus, am Johannestag in der Eucharistiefeier Wein zu weihen und ihn den Gläubigen zu reichen mit den Worten: „Trinket die Liebe des heiligen Johannes!“ Die Legende berichtet, daß Johannes in seinen letzten Jahren, als er sich wegen seiner Entkräftung von seinen Jüngern in die Versammlung der Gläubigen tragen ließ, immer nur die Worte wiederholte: „Meine teuren Kindlein, liebet euch untereinander!“ Als seine Zuhörer fragten, warum er denn immer wieder das gleiche sage, antwortete er: „Weil dieses der Befehl des Herrn ist, und wenn dies allein geschieht, so ist es genug!“

So möchte Dich Johannes einführen in das Geheimnis der Liebe, die an Weihnachten für uns alle sichtbar geworden ist in dem Kind in der Krippe. Wenn Du das Geheimnis der Liebe in Dir erfährst, erfährst Du Gott. Die Liebe ist nicht nur die Liebe zu den Menschen, sondern eine absolute Liebe, die in Dir als eine eigene Lebensqualität ist. Eine Frau erzählte mir, daß sie auf einmal eine große Zärtlichkeit zu allen Dingen und Menschen gespürt hat. Das ist die Liebe als eine göttliche Qualität. Wer in dieser Liebe ist, der ist in Gott. Du kennst diese Liebe ohne Nebenabsichten, ohne Besitzansprüche. Traue ihr! Sie führt Dich tief in das Geheimnis Gottes hinein.

35. Unschuldige Kinder

Schon seit dem 5. Jahrhundert feiert die Kirche das Fest der Unschuldigen Kinder, die Herodes grausam töten ließ, um den neugeborenen König der Juden aus der Welt zu schaffen. Seit jeher haben die Kirchenväter das Geheimnis dieser unschuldig gemordeten Kinder bedacht. Quodvultdeus († um 453) hat in einer Predigt immer wieder Herodes und die unschuldigen Kinder gegenübergestellt. Herodes versucht das Kind zu töten, „um seine Herrschaft nicht zu verlieren. Hätte er an das Kind geglaubt, hätte er hier in Sicherheit herrschen können und ohne Ende im ewigen Leben … Aber du erkennst es nicht, du erschrickst und wütest. Um den einen zu verderben, den du suchst, ermordest du grausam die vielen Kinder." Das ist der eine Inhalt des Festes: das wehrlose und hilflose Kind, das dem großen Herrscher Herodes solche Angst macht. Das unschuldige Kind, in dem die Verheißung wahren Lebens steckt, läßt den, der an seiner Herrschaft klebt, erzittern. Das ist auch ein Bild für uns. Manchmal haben auch wir Angst vor dem Kind in uns, das unserem aufgeblähten Ego die Herrschaft streitig macht. Dann wollen wir es mundtot machen. Die leisen inneren Stimmen, die uns sagen, wer wir eigentlich sind, lassen uns nicht mehr in Ruhe. Sie stellen den Herrschaftsanspruch unseres Ego in Frage. Das Ego will alles – selbst Gott noch – nur für sich benutzen und niemanden über sich gelten lassen. Wir wollen das Kind in uns zum Schweigen bringen, aber es redet auch dann noch, wenn wir es töten. Es erschüttert unsere Selbstsicherheit und läßt uns erahnen, wie wir eigentlich leben sollten: authentisch wie ein Kind, also staunend und dankbar, unschuldig und lauter.

Der zweite Aspekt dieses Festes ist das Geheimnis, daß die unschuldigen Kinder Zeugen für Christus werden, daß die, die noch nicht sprechen können, mit ihrem ganzen Leben Christus verkünden. In seiner Predigt staunt Quodvultdeus über dieses Geheimnis: „Welch großes Geschenk der Gnade! Welche Verdienste hatten die Kinder, die so glanzvoll siegen durften? Sie können noch nicht sprechen, und schon bekennen sie Christus! Noch vermögen sie nicht die Glieder zum Kampf zu regen, und schon gewinnen sie die Palme des Sieges!" Nicht indem wir mit klugen Worten unseren Glauben bekennen, legen wir Zeugnis für Christus ab, sondern indem wir wie die Kinder stimmig und authentisch leben. Indem wir ganz wir selber sind, indem wir das unverfälschte Bild leben, das Gott sich von jedem von uns gemacht hat, machen wir Gott in dieser Welt sichtbar. Der Kirchenvater Irenäus hat das in dem klassischen Wort ausgedrückt: „Gloria dei – homo vivens = die Herrlichkeit Gottes ist der lebendige Mensch." Wer sein Menschsein entfaltet, wer das lebt, was er im Innersten von Gott empfangen hat, der verherrlicht Gott, durch den wird Gottes Glanz in dieser Welt sichtbar, in dem leuchtet Gottes Geheimnis auf.

Das Fest will Dich mit dem unschuldigen Kind in Dir in Berührung bringen. Es will Dir Mut machen, lauter und durchlässig, authentisch und in Übereinstimmung mit Deinem inneren Selbst zu leben. Auch wenn Du dabei verfolgt wirst, auch wenn die Häscher des Herodes Dich davon abhalten möchten, so wird sich das unschuldige Kind in Dir doch als stärker erweisen. Es wird eine Spur in diese Welt eingraben, die bleibt, während die Spuren des Ego verwischen. Es wird für viele Menschen Zeugnis ablegen vom Geheimnis der Gnade, daß nicht unsere Leistung und unser Besitz unsern Wert ausmachen, sondern unser Sein, das immer auch Geschenktsein ist.

36. Heilige Familie

Am Sonntag nach Weihnachten feiert die Kirche das Fest der Heiligen Familie. Es gibt viele kitschige Bilder dieser heiligen Familie, die dann Vorbilder für das Zusammenleben unserer christlichen Familien wurden. Solche Bilder hinterlassen einen faden Geschmack. Da scheint alles zu idyllisch und harmonisch zu sein. Doch die Bibel zeichnet uns ein anderes Bild der Familie Jesu. Das beginnt mit der Geburt, die in ärmlichen Verhältnissen stattfand, außerhalb der menschlichen Gemeinschaft, in einem Stall. Das setzt sich fort in dem Befehl, sofort in die Fremde zu fliehen, weil Herodes das Kind verfolgt. Die Familie ist von Anfang an bedroht. Die Schwierigkeiten, eine heile Familie zu sein, kommen in der Geschichte vom zwölfjährigen Jesus zum Ausdruck, der im Tempel mit den Schriftgelehrten diskutiert, ohne auf die Ängste der Eltern zu achten. Er ist nicht der brave Bub, der genau tut, was die Eltern von ihm wollen. Er hört auf das eigene Herz, und er tut das, was er darin als richtig erspürt, was er als Willen des Vaters erkennt.

Als die Eltern ihn nach dreitägigem Suchen endlich im Tempel finden, stellen sie ihm die vorwurfsvolle Frage: „Kind, wie konntest du uns das antun? Dein Vater und ich haben dich voll Angst gesucht" (Lk 2,48). Jesus scheint in seiner Antwort nicht sehr viel Mitgefühl zu haben. Für ihn ist es selbstverständlich, daß er im Hause seines Vaters ist. In seiner Frage: „Wußtet ihr nicht, daß ich in dem sein muß, was meinem Vater gehört?" liegt ein leiser Vorwurf. Er versteht gar nicht, daß die Eltern nicht wissen, daß er beim Vater sein muß. Er ist nicht in erster Linie ihr

Sohn, sondern der Sohn des himmlischen Vaters. Hier wird die Verheißung des Simeon Wirklichkeit, daß ein Schwert durch das Herz Mariens dringen wird (vgl. Lk 2,35). Die Mutter spürt die Fremdheit des Sohnes. Sie versteht ihn nicht. Sie spürt, daß sie ihn freigeben muß, daß er seinen Weg gehen wird, den sie nicht mehr beeinflussen kann. Nein, er wird vielmehr unter der Hand des himmlischen Vaters stehen. Dennoch kehrt Jesus mit den Eltern nach Nazaret zurück und ist ihnen gehorsam. Er kann sich auf das konkrete Leben in der Familie einlassen, im Wissen darum, daß sein Innerstes dem Vater im Himmel gehört, daß darüber kein irdischer Vater und keine irdische Mutter bestimmen kann.

Wohl zu keiner anderen Zeit des Jahres sehnen sich die Menschen nach einer heilen Familie wie an Weihnachten. Sie möchten Weihnachten als Familienfest feiern. Aber zugleich spüren sie, daß es nicht gelingt. Die Erwartungen sind zu hoch. Und so stört jede Meinungsverschiedenheit sofort den Familienfrieden. Die Kinder spüren die Verlogenheit. Es gibt keine heile Familie, und sie läßt sich auch nicht nur kurz an Weihnachten herstellen. Lukas zeigt uns in der Szene des zwölfjährigen Jesus, daß die Familie als ganze auch heute immer wieder durch die Erfahrung von Unverständnis und Fremdheit schreiten muß. Familie wird nur möglich, wenn sich ihre Mitglieder gemeinsam auf das Geheimnis einlassen, das sie übersteigt. Wenn sie an Weihnachten nicht um sich kreist, sondern das Fest und sein Geheimnis bewußt wahrnimmt. Und jeder, in der biblischen Geschichte wie heute, hat sein eigenes Geheimnis. Maria behält ihr Geheimnis im Herzen. Sie denkt über das Geheimnis ihres Sohnes nach und meditiert es in ihrem Herzen. Jesus spricht über sein Geheimnis und fordert so die Eltern heraus, ihn mit neuen Augen zu sehen. Weihnachten will Dir keine heile Familie vorspiegeln, sondern es verheißt Dir die heilige Familie, die Familie, die geheiligt wird, weil sie das Geheimnis Gottes in sich trägt und weil jeder in ihr sein eigenes Geheimnis hat. Nur wenn Du Dein eigenes Geheimnis und das Geheimnis Deines Ehepartners und Deiner Kinder im Herzen bewegst, kannst Du Dich in Deiner Familie daheim fühlen, trotz aller Fremdheit und Distanz. Daheim sein kann man nur, wo das Geheimnis wohnt. Ich wünsche Dir an Weihnachten eine Ahnung davon, daß auch in Deiner konkreten Familie das Geheimnis Gottes wohnt.

37. Sonne

Während die Ostkirche Weihnachten schon im 3. Jahrhundert am 6. Januar feierte, hat die römische Kirche erst im 4. Jahrhundert damit begonnen, ein eigenes Weihnachtsfest zu begehen. Sie hat das Fest der Geburt des Herrn auf den 25. Dezember verlegt, an dem man in Rom den Geburtstag des „Sol Invictus = des unbesiegbaren Sonnengottes" gefeiert hat. Offensichtlich wollte die Kirche Christus als die eigentliche Sonne dem römischen Sonnengott gegenüberstellen. Christus ist die „Sonne der Gerechtigkeit", die nie besiegt werden kann, weil sie von Gott kommt, weil sie selber göttlich ist. In der Geburt Jesu ist die wahre Sonne aufgegangen, die Sonne, die niemals untergeht.

Seit jeher haben die Menschen die Sonne bestaunt und in sie viele ihrer Sehnsüchte hineingelegt. Viele Völker verehrten sie als Gott. Die Sonne war für sie die Verkörperung des Lichtes, der höchsten kosmischen Intelligenz, des Feuers und des lebenspendenden Prinzips. Außerdem spürten die Menschen seit jeher eine enge Verwandtschaft zur Sonne hin. Die Inkas nennen sich Sonnensöhne. Paulus bezeichnet die Christen als Kinder des Lichtes. Die Mysterienkulte vermittelten den Menschen der Antike das Gefühl, daß sie vergöttlichte Sonnenmenschen sind, die wie die Sonne durch das Dunkel des Todes hindurchgehen. Erst muß der alte Mensch sterben, bevor er fähig wird, die göttliche Sonne zu sehen. Mitten in der Nacht sieht der Myste die Sonne in hellem Licht und wird selbst vom göttlichen Licht erleuchtet.

Die Christen sahen in Christus die wahre Sonne. Das wird schon im Lukasevangelium sichtbar. Lukas hat sicher auf die griechische Ehrfurcht vor der Sonne, vor dem Sonnengott Helios, geantwortet. Schon im Benedictus läßt er Zacharias beten: „Durch die barmherzige Liebe unseres Gottes wird uns besuchen das aufstrahlende Licht aus der Höhe, um allen zu leuchten, die in Finsternis sitzen und im Schatten des Todes" (Lk 1,78f). Der kommende Messias ist für Lukas „sol salutis = Sonne des Heils". Die griechischen Kirchenväter beschreiben die Geburt Jesu auf dem Hintergrund der Heilssehnsucht, die sich unter anderem im Sonnenkult ausdrückt. Die Griechen sangen in der nächtlichen Feier der Lichtgeburt des Sonnengottes „Aion": „Die Jungfrau hat geboren – nun wächst das Licht." Auf diese Sehnsucht antwortet Ephräm der Syrer in einem Hymnus: „Es stieg herab der Herr der Himmelslichter, und wie eine Sonne strahlte er aus dem Mutterschoße hervor ... Es siegt die Sonne ... Besiegt ist die winterliche Finsternis, um anzuzeigen, daß der Satan besiegt ist. Es siegt die Sonne, um zu verkünden, daß seinen Triumph feiert der Eingeborene" (Rech 107).

Der 25. Dezember ist die Feier der Sonnenwende. Das ist für die Christen der Antike Bild dafür, daß Christus, die wahre Sonne, unser Schicksal zum Heil gewendet hat. So wie bis Weihnachten die dunklen Nächte wachsen, so wuchs in der Geschichte die Nacht des Satans. Als aber Christus erschien, der Mann des Sonnenaufgangs, wurde der Bann der Finsternis gebrochen. So feiert die Weihnachtsliturgie die Geburt Christi immer wieder unter dem Bild der Sonne. Da heißt es in einer Antiphon: „Aufgehen wird euch der Retter wie die Sonne, wenn er herabsteigt in den Schoß der Jungfrau." In dieser Antiphon spiegelt sich die Sehnsucht der Antike wider, die das Paradox von Aufgehen und Untergehen, von Niedersteigen und Aufsteigen der Sonne als Bild für das eigene Leben gesehen hat. In Christus steigt die Sonne in unsere Nacht, um für immer aufzugehen und uns zu erleuchten.

Wir erfahren die Sonne in jeder Jahreszeit verschieden. Im

Winter taucht die Sonne die Schneelandschaft in ein zauberhaftes Licht. Wenn sie untergeht, bekommt das Licht ganz zarte Farbtöne. Im Herbst ist es ein mildes Abendlicht, das uns dazu anhält, uns selbst im milden Licht der Liebe anzuschauen. Im Frühling stellen wir uns gerne in die Sonne und lassen uns von den ersten Sonnenstrahlen wärmen. Da erahnen wir, daß Gottes Liebe unsern ganzen Leib durchdringt und wärmt. Wenn im Sommer die Sonne scheint, fühlen wir uns froher und leichter als etwa bei naßkaltem Wetter. Aber die Sonne kann im Sommer auch brennen. Dann weichen wir ihr aus. Wenn die Christen Christus als die wahre Sonne verehren, dann spielen alle diese Erfahrungen mit. Christus erleuchtet unsere Finsternis, er hüllt uns in das milde Licht der göttlichen Liebe. Aber er brennt auch alles Sündhafte und Erstarrte in uns aus, damit alles in uns durch ihn Licht wird. Paul Gerhardt hat in seinem Weihnachtslied „Ich steh an deiner Krippe hier" Christus als den gesehen, der uns in tiefer Todesnacht zu unserer Sonne wurde: „die Sonne, die mir zugebracht Licht, Leben, Freud und Wonne". Wenn ein froher Mensch zu uns kommt, sagen wir: „Jetzt geht die Sonne auf." Es gibt Sonnenkinder, die überall Fröhlichkeit und Lebendigkeit verbreiten. Ich wünsche Dir, daß Du für andere zur Sonne wirst. Vielleicht hast Du schon einmal erfahren, daß man zu Dir sagte: „Du strahlst heute wie die Sonne. Wenn Du den Raum betrittst, dann wird er heller und wärmer. Dann ist die Sonne unter uns mit ihrer Heiterkeit und Strahlkraft. Dann geht es uns besser."

38. Stern

Zum Weihnachtsschmuck gehört wesentlich der Stern. Viele, die Weihnachtssterne basteln und verschenken, sind sich wohl kaum bewußt, was der Stern vom Weihnachtsgeheimnis symbolisiert. Biblisch gesehen spielt der Stern bei der Anbetung der Magier eine entscheidende Rolle. Die Magier haben einen Stern gesehen und lassen sich von ihm leiten. Sie waren Astronomen und Astrologen, die die Sterne genau kannten. In der Antike galt der Saturn als Stern Israels, als Sabbatstern, während der Jupiter der Königsstern war. Im Jahre 7 v. Chr. gab es eine auffallende Konjunktion dieser beiden Sterne. In Rom wurde dieses wunderbare Sternenzeichen als Bild für den Friedenskaiser Augustus gedeutet. In Babylon ist es durchaus wahrscheinlich, daß man dieses Sternenbild als Zeichen der Ankunft des Messias verstanden hat. Man sah darin die Erfüllung der Verheißung Bileams, der auch Magier war und aus dem Osten kam: „Ein Stern geht in Jakob auf, ein Zepter erhebt sich in Israel" (Num 24,17). In Qumran wurde das Kommen des Messias mit dem Aufgehen eines Sternes verglichen: „Es wird sein Stern am Himmel strahlen gleich einem König" (1 Qtes/Levi 18,3).

Die Kirchenväter haben Jesus mit einem anderen Stern zusammengesehen, mit dem Morgenstern, der zugleich auch der Abendstern ist. Schon der 2. Petrusbrief hat Christus als Morgenstern verstanden, der in unserem Herzen aufgehen wird, wenn der Tag des Herrn anbricht (vgl. 2 Petr 1,19). Der Morgenstern ist der Lichtbringer (Lucifer), auch wenn sich später dieser Name für den Teufel eingeprägt hat. Der Abendstern ist der Nachtbringer (Noctifer). Die frühe Kirche hat die kosmische Wirklichkeit ernst genommen. Seit jeher waren die Menschen fasziniert vom hellen Licht des Morgen- und Abendsterns. Die Kirchenväter nehmen diese kosmische Erfahrung auf und beziehen sie auf Christus. In Christus wird das Geheimnis des Morgen- und Abendsterns erfüllt. In seiner Geburt ist Christus als der Morgenstern aufgegangen. Hieronymus meint, Christus werde deshalb Morgenstern (Lucifer) genannt, „weil er, aus der Höhe kommend ... uns in Finsternis und Todesschatten Sitzenden das Licht ... brachte" (Hieronymus, In Iob 38: PL 26, 760 f).

Die Liebe spricht gerne von Sternen. Zum Geliebten sagt sie: „Du bist mein Stern. Du bist ein Stern für mich." Damit meinen wir, daß der andere Licht in unser Leben bringt, daß er wie ein Stern an unserem Nachthimmel leuchtet, daß unsere Nächte durch den andern hell werden. Das Licht des Sternes hat ja einen eigenen Glanz. Die Sprache der Liebe läßt uns erahnen, was an Weihnachten geschieht, da leuchtet uns in Christus ein Stern auf an unserem nächtlichen Himmel. Da bringt Christus durch seine Liebe Licht in unsere Dunkelheit. Der Stern, der am Himmel steht, verweist uns auf den Vater, der im Himmel ist. Er ist Bild unserer Sehnsucht nach dem ganz anderen. Was wir am Himmel sehen, das ist immer auch eine Wirklichkeit in uns. Wir sprechen von dem Stern, der am Horizont unseres Herzens aufgeht, wenn wir mit unserer Sehnsucht in Berührung kommen, und wir spüren, daß unser Herz weit über alles Alltägliche hinausreicht, bis in die Welt Gottes, in der wir wahrhaft daheim sind.

Angelus Silesius hat wohl in unübertroffener Weise gedichtet, was Christus als der Morgenstern für uns ist:

„Morgenstern der finstern Nacht,
der die Welt voll Freuden macht.
Jesu mein, komm herein,
leucht in meines Herzens Schrein."

Seit jeher haben die Menschen ihre Sehnsüchte in die Sterne verlagert. Und die Sterne haben immer eine Faszination ausgeübt. Als Kinder haben wir gerne das Lied gesungen „Weißt du, wieviel Sternlein stehen". Das Lied gab uns die Gewißheit, daß Gott es gut mit uns meint, daß wir unter seinem Sternenhimmel daheim sind. Ein Mitbruder, der in Afrika Soldat war, hat in der Ferne seinen Kameraden immer wieder vorgesungen „Heimat, deine Sterne". Als Schüler haben wir ihn gerne darum gebeten, uns doch dieses Lied zu singen. Da kam eine Ahnung von Heimat hoch. Die Sterne erinnern uns an die Heimat in dem Sinne, daß wir auf dieser Welt immer und überall daheim sind, weil die gleichen Sterne uns leuchten wie in unserer Heimat. All diese Assoziationen spielen mit, wenn wir zu Weihnachten an den Stern denken, der Jesu Geburt angezeigt hat, und wenn wir die Weihnachtssterne an den Christbaum oder an die Fenster hängen. Durch Christi Geburt ist diese Welt uns Heimat geworden. Da leuchtet überall der gleiche Morgen- und Abendstern über uns am Himmel und läßt uns überall daheim sein. Und Weihnachten lädt uns dazu ein, daß wir selbst für andere zum Stern werden, der ihre Nacht erhellt und ihnen das Gefühl von Heimat schenkt.

Welche Assoziationen kommen Dir hoch, wenn Du an Sterne denkst? Vielleicht glänzen Deine Augen, wenn Du von dem Stern sprichst, der Dir aufgegangen ist. Es ist etwas eingebrochen in Deine Nacht, etwas Glänzendes, etwas Liebes. Mit dem Stern ist Hoffnung in Dir aufgekeimt. Der Stern weist Dir den Weg. Er begleitet Dich. Er macht Dein Leben weit. Vielleicht bist Du selbst für andere so ein Stern geworden, der ihnen den Weg weist. Maria ist so jemand für uns. Deshalb trägt sie einen achtstrahligen Stern auf der Stirne. Achtstrahlig, das bedeutet, daß sie Himmel und Erde verbindet, daß sie teilhat an der Ewigkeit. Der Weihnachtsstern sagt Dir: Du bist nicht nur ein Mensch der Erde, sondern auch ein Mensch des Himmels. In Dir leuchtet der Stern, der über Dich hinausweist auf den, der vom Himmel herabkommt und unsere tiefste Sehnsucht erfüllt.

39. Silvester

Das bürgerliche Jahr schließt mit dem 31. Dezember. Die Kirche hat das Ende des Kirchenjahres mit dem Christkönigsfest gefeiert. Das bürgerliche Jahr kommt in ihrer Liturgie nicht vor. Aber dennoch haben die Menschen ein Bedürfnis, das alte Jahr nicht nur mit Alkohol und Feuerwerk zu beschließen, sondern vor Gott Bilanz zu ziehen, was das vergangene Jahr gebracht hat, was in ihm gewachsen ist. Man möchte das alte Jahr nochmals im Geist Revue passieren lassen, um Gott für das zu danken, was gelungen ist, was einem geschenkt worden ist, und um das Unvollkommene, ja Schuldhafte Gott hinzuhalten, damit es in seinem Erbarmen aufgehoben wird. Indem wir das Vergangene vor Gott dankbar anschauen, fließt es nicht einfach an uns vorbei, sondern wird ein Teil von uns, gleichsam ein Jahresring, der sich in unserem Baum gebildet hat. Wir spüren, was da in uns gewachsen ist, wo Gott uns geführt hat, wo uns ein Schutzengel begleitet hat und wo Neues in uns aufgebrochen ist. In der Meditation des vergangenen Jahres kommen wir dem Geheimnis unseres eigenen Lebens näher. Da spüren wir im Anschauen konkreter Erlebnisse, wer wir eigentlich sind und was wesentlich zu uns gehört.

Seit zwanzig Jahren feiern wir in der Abtei mit Jugendlichen in der Silvesternacht einen Gottesdienst, der fast sechs Stunden dauert, von 21.00 Uhr bis etwa 3.00 Uhr. Die Mitternacht lassen wir dabei bewußt im Schweigen verrinnen. Von draußen dringt das Knallen der Raketen und Böller in die Kirche ein. Da spürt man einen starken Kontrast. Die einen brauchen den

Lärm, um den Jahreswechsel zu begehen, die andern die Stille. Mit Lärmen versuchten Römer und Germanen die bösen Geister zu vertreiben. Die heute ihre Feuerwerke veranstalten, wissen vermutlich gar nicht mehr, was sie unbewußt damit tun. Sie wollen ihre Angst vor feindlichen Mächten mit Lärm überspielen und die Dämonen in die Flucht schlagen. Aber es ist fraglich, ob das gelingt. Die Jugendlichen haben das Bedürfnis, im Schweigen dem Geheimnis der Zeit nachzuspüren, das neue Jahr schweigend in sich einzulassen. In der Stille erahnen sie das Geheimnis der Zeit: Wir können sie nicht festhalten. Altes wird losgelassen, Neues kommt in jedem Augenblick auf uns zu. Das Neue ist unberührt, unverfälscht. Es hat noch keine Prägung. Es liegt in ihm die Verheißung, daß alles besser wird, daß das Neue dem Alten überlegen ist, daß neue Möglichkeiten bereitliegen. Wenn um Mitternacht die große Münsterglocke läutet und den Jahreswechsel anzeigt, dann taucht im Herzen die Sehnsucht auf, daß das neue Jahr von Gott gesegnet sein möge, daß es besser wird als das alte, daß wir nochmals von vorne anfangen können und alles gut machen, was im letzten Jahr mißlungen ist.

Aber wenden wir uns noch intensiver dem Phänomen der Zeit zu, wenn wir diesen Moment des Jahreswechels näher betrachten: Indem wir ganz im Augenblick sind, fallen Vergangenheit und Zukunft in eins. Schweigend kann ich versuchen, ganz im Augenblick zu sein. Dann taucht eine Ahnung auf, daß da Zeit und Ewigkeit miteinander eins sind. Das ist das tiefste Geheimnis der Zeit, daß die Ewigkeit selbst einbricht in unsere Zeit, daß im Augenblick das Rinnende der Zeit aufgehoben ist und die Zeit stehenzubleiben scheint. Dann ahnen wir, daß Himmel und Erde eins sind, Zeit und Ewigkeit, Gott und Mensch. Angelus Silesius hat dieser Erfahrung unvergeßlichen Ausdruck gegeben:

„Zeit ist wie Ewigkeit und Ewigkeit wie Zeit,
So du nur selber nicht machst einen Unterscheid.
Ich selbst bin Ewigkeit, wenn ich die Zeit verlasse
Und mich in Gott und Gott in mich zusammenfasse."

Du feierst die Jahreswende. Es wendet sich etwas in Dir, es wandelt sich, Du verwandelst Dich. Und Du darfst hoffen, daß es sich zum Guten wendet, daß Gott das, was Dich im vergangenen Jahr belastet hat, von Dir wendet und daß er sich Dir gnädig zuwendet, damit das neue Jahr besser wird. Vertraue darauf, daß Gottes gute Hand Dich im neuen Jahr tragen und leiten wird, daß Gottes Zuwendung alles in sich Verdrehte und ineinander Verschlungene, das den Lebensfluß in Dir behindert, wenden, entwinden, entflechten wird. Wende Dich Dir selbst zu, und traue dem Wandlungsprozeß in Dir. Du wirst Dich im neuen Jahr verwandeln. Du wirst mehr und mehr in das ursprüngliche Bild hineinwachsen, das Gott sich von Dir gemacht hat. Dann lebst Du stimmig und authentisch.

40. Neujahr

An Neujahr feiert die Kirche das Fest der Gottesmutter Maria. Die Jungfrau, die ein Kind gebiert, ist Bild des Neuen und Unverfälschten, das durch Gott in diese Welt eintritt. Gott schafft etwas Neues, das ist die Botschaft von der jungfräulichen Geburt des Messias. Das Neue ist nicht einfach Fortsetzung des Alten, so daß die Skepsis des Buches Kohelet nicht mehr angebracht ist: „Nichts Neues unter der Sonne", heißt es da. Nein, es gibt das Neue. Gott ist der, der immer Neues schafft. Die Bibel bezeichnet mit dem Begriff des „kainos = neu" das Heil, das Gott in uns wirkt. „Kainos", das meint das Ungewohnte, Andersartige, Unerwartete, das dem Alten Überlegene, das Wunderbare. Die Griechen kennen noch ein anderes Wort „neos" für neu. Aber da meint es mehr das Neue, das noch jung ist, noch nicht reif. Wenn wir sagen, da ist ein Neuling in der Firma oder der Neue im Verein, dann klingt da meistens mit, daß sie noch unerfahren sind, unreif, daß von ihnen nicht viel zu erwarten ist. „Kainos" dagegen hat immer einen faszinierenden Klang. Da wird in uns Neues, Unerhörtes möglich.

Das Neue Testament ist voll von Bildern des Neuen. Jesus bringt den neuen Wein, den man auch in neue Schläuche füllen muß (vgl. Mt 9,17). Jesus stiftet einen Neuen Bund in seinem Blut, einen Bund, den die Menschen nicht mehr brechen können, weil er in Gottes Liebe selbst gründet und nicht mehr auf dem wankelmütigen Willen des Menschen. Und er gibt uns ein neues Gebot: „Liebt einander! Wie ich euch geliebt habe, so sollt auch ihr einander lieben" (Joh 13,34). Paulus kann unsere Existenz als

Christen immer wieder mit dem Begriff des „Neuen“ beschreiben: „Wenn also jemand in Christus ist, dann ist er eine neue Schöpfung: Das Alte ist vergangen, Neues ist geworden“ (2 Kor 5,17). Durch die Taufe sind wir neu geworden. Das Alte, die Vergangenheit, hat keine Macht mehr über uns. Das sind nicht nur fromme Worte. Wenn wir nach einer verfahrenen Situation neu anfangen können, wenn nach einem Streit, nach einem Versagen, nach einem Scheitern ein neuer Anfang möglich wird, dann erfahren wir, was Paulus hier beschreibt. Das Alte hängt uns nicht mehr an. Wir müssen nicht für immer mit einem Büßergewand herumlaufen. Wir dürfen das Alte abschütteln.

Wenn wir Neujahr feiern, dann spüren wir etwas von der Faszination des Neuen, des Unverfälschten, des Unberührten. Das Neue hat seinen eigenen Glanz. Mit einem neuen Auto zu fahren, bringt einen besonderen Reiz. Einen neuen CD-Player auszuprobieren verheißt einen neuen Klang, einen bisher noch nie gehörten „Sound“. Ein neues Kleid zu tragen heißt immer auch, sich neu zu fühlen, sich schöner zu fühlen als in den alten Kleidern. Darin steckt immer auch die Hoffnung, ein neuer Mensch zu sein, sich neu zu gebärden, von den andern nicht mehr mit der alten Rolle identifiziert zu werden. Das neue Erscheinungsbild soll uns auch ermutigen, neue Möglichkeiten auszuprobieren, uns neu gegenüber den andern zu geben, neue Worte zu finden, neue Gesten, neue Reaktionen, neue Wege zu gehen. An Neujahr hoffen wir, daß nicht nur unsere Kleider und unsere Rollen neu werden, sondern ein ganzes Jahr.

Gerade an Neujahr hoffen wir auf einen neuen Anfang. Einen neuen Anfang setzen, das hat für mich zwei Bedeutungen. Einmal heißt es, daß das Neue im Innern schon da ist. In Dir ist der Geist Gottes, der Dich in jedem Augenblick erneuert und Neues in Dir bewirkt. Wenn ich in der Stille in mich hineinhorche, dann ahne ich, was da an neuen Möglichkeiten in mir aufbricht. Da tauchen neue Ideen auf, die Ahnung, Neues zu wagen, neue Verhaltensweisen einzuüben. Ich muß nicht alles neu machen, ich soll vielmehr dem Neuen trauen, das schon in mir ist. Es braucht Achtsamkeit, damit das Neue, das Gott in jedem Augenblick in mir wirkt, auch wachsen und Gestalt annehmen kann. Die zweite Bedeutung des neuen Anfangs wird sichtbar, wenn wir die Wörter „anfangen" und „beginnen" genauer anschauen. „Anfangen" kommt von „anpacken, anfassen, in die Hand nehmen". Wenn Du neu anfangen willst, mußt Du Dein Leben selbst in die Hand nehmen. Statt zu jammern, daß Du festgelegt bist durch Deine Erziehung, durch Deine Veranlagung, durch Dein Schicksal, mußt Du die Verantwortung für Dein Leben übernehmen und es in die Hand nehmen. Du kannst in jedem Augenblick neu anfangen. Du mußt nur Dein Leben, so wie es ist, annehmen, anfassen und formen. Das Wort „beginnen" bedeutet ursprünglich „urbar machen". Beginnen ist mühsam. Da erscheint Dein Leben wie ein Land voller Disteln und Steine, von Gehölz und Unkraut übersät, chaotisch, unfreundlich. Wenn Du es urbar machen willst, mußt Du Dir erst einmal ein Feld abstecken. Du kannst nicht das ganze Land Deines Lebens in einem Jahr urbar machen. Entscheide Dich, welches Stück Deines Landes Du in diesem Jahr urbar machen möchtest. Vielleicht ist es der Bereich Deiner Beziehungen oder Deiner Arbeit oder Deines Lebensstils. Und dann gehe daran, das Verwachsene auszureißen, damit Dein Boden Frucht bringen kann, damit Neues darauf wachsen kann. Gott wird einen neuen Samen auf Dein Feld legen. Deine Aufgabe ist es, es urbar zu machen, damit der Same aufgeht und Neues, Ungeahntes, Unerwartetes, Wunderbares in Dir zur Blüte kommt.

41. Wünschen

Schon an den römischen Neujahrstagen war es üblich, Beamten und angesehenen Persönlichkeiten Glückwünsche darzubringen. Wir wünschen uns heute „Frohe und gesegnetes Weihnachten“ und ein „Gutes neues Jahr“ oder „Gottes Segen zum neuen Jahr“. Wir wünschen einander Gutes. Wir haben aber auch selbst Wünsche an das neue Jahr. Wir wünschen uns, daß es besser wird, daß wir es gesund bestehen, daß Neues in uns wächst. Das deutsche Wort „wünschen“ kommt entweder aus der Kriegssprache oder von der Nahrungsmittelsuche und meint: „umherziehen, streifen, nach etwas suchen oder trachten, etwas erringen, gewinnen“. Wir ziehen umher, um das zu finden, was wir zum Leben brauchen. Wir trachten danach, daß wir gewinnen, daß unser Leben gelingt. Das steckt in jedem Wunsch. Wünschen hängt auch zusammen mit „lieben, gern haben“. Das germanische Wort für Freund „wini“ hat die gleiche Wurzel wie „wünschen“. Einem andern etwas zu wünschen ist daher Ausdruck von Freundschaft, daß ich den andern gern habe und ihn liebe.

Es gibt zahlreiche Märchen, in denen der Mensch seine Wünsche äußern darf. Meistens sind es drei Wünsche, die er frei hat. Und es ist gar nicht so leicht, daß der Mensch das wünscht, was ihm wirklich hilft. Meistens hat er anfangs so viele Wünsche, daß er gar nicht weiß, wo er anfangen soll. Aber dann verstrickt er sich in seinen Wünschen. In einem Märchen etwa wünscht sich ein Mann besseres Wetter, daß es nicht mehr regnen solle. Doch darauf merkt er, daß dann nichts mehr wächst. Dann soll es nur nachts regnen. Daraufhin beschwert sich der Nachtwächter. Schließlich läßt er es wieder beim alten. Seine drei Wünsche gingen ins Leere. Was wünschen wir wirklich? Was brauchen wir? Wonach trachten wir, was möchten wir gewinnen? Wenn wir alle unsere Wünsche zulassen, entdecken wir oft genug, daß wir eigentlich dankbar sein dürfen für das Leben, das Gott uns geschenkt hat. Im Wünschen steckt die Ahnung, wir könnten uns und unsere Welt von neuem erschaffen. Aber zugleich spüren wir, daß diese Welt, daß unser Leben gar nicht so schlecht ist, wie wir es oft genug darstellen.

Wenn wir andern etwas wünschen, sind es oft Verlegenheitswünsche. Wir verstecken uns hinter den üblichen Floskeln. Aber auch hier wäre sinnvoll, sich in jeden, dem wir etwas wünschen, hineinzuversetzen und ihn zu meditieren. Was braucht er, damit sein Leben gelingt? Was tut ihm gut? Wonach sehnt er sich? Dann wäre Wünschen wirklich Ausdruck von Freundschaft. Vielleicht kannst Du diesmal an Neujahr nicht nur die alten Redewendungen gebrauchen. Überlege Dir, was Dein tiefster Wunsch an jeden einzelnen Deiner Freunde und Bekannten ist. Dann wird Dein Wunsch das Herz der Menschen erreichen. Er wird mehr sein als Ausdruck von Höflichkeit. In ihm drückt sich Deine Liebe aus, die das Leben des andern mit ihren Wünschen und Hoffnungen verzaubern kann.

42. Magier

Matthäus berichtet, daß nach der Geburt Jesu Magier aus dem Osten nach Jerusalem kamen. Sie wollten nach dem neugeborenen König der Juden suchen, dessen Geburt ihnen ein Stern angezeigt hatte. Die Magier dürften wohl babylonische Astrologen gewesen sein, die die Sterne erforschten und Träume deuteten. Sie waren Angehörige der persischen Priesterkaste und zeichneten sich durch übernatürliches Wissen aus. Die nach Babylon vertriebenen Juden haben den dortigen Astrologen sicher etwas von der Messiashoffnung erzählt. Die altchristliche Kunst hat die Magier als Priester der Mithrasreligion dargestellt, der ernstesten Konkurrentin der jungen Kirche.

Das hat eine besondere Bedeutung. Matthäus und die Kirchenväter haben die Anbetung dieser Magier so verstanden, daß die Wissenden und Weisen der ganzen Welt zu Christus kommen, um ihm zu huldigen und ihm ihre Geschenke zu bringen. Was auch immer die Menschen an Wissen und Erfahrung gesammelt haben, das mündet in die Anbetung des göttlichen Kindes. Es ist eine weite Sicht, die Matthäus uns da vermittelt. Ganz gleich, wo und wie man forscht, welche Erfahrungen man sammelt, ob in der Astrologie oder Traumdeutung, in Magie oder esoterischen Praktiken, in allem steckt eine Sehnsucht nach dem göttlichen Kind, nach dem Gott, der im Fleisch sichtbar geworden ist. Es gab in der Kirche immer wieder ängstliche Strömungen, die das Christentum von allen andern Religionen schieden und alle anderen Wege verdammten. Matthäus zeigt uns einen anderen Weg. Es geht darum, das Wissen der Welt zu Ende zu denken. Man kommt auf Fragen: Wohin zielt die Astrologie, was möchte die Esoterik mit ihren vielen verschiedenen Zweigen? Sie möchten das Geheimnis des Lebens entdecken: Wer ist der Mensch, und wer ist Gott? Woher komme ich, und wohin gehe ich? Wer seinem Wissen dann bis zum Ende folgt, der wird beim menschgewordenen Gott landen. Sein Wissen wird ihn zu Christus führen. Daher brauchen wir nicht ängstlich auf andere Richtungen zu schauen. Sie sind keine Gefahr für unsern christlichen Glauben. Im Gegenteil, sie alle tragen in sich die Sehnsucht nach dem neugeborenen König, nach dem göttlichen Kind, in dem Gottes Herrlichkeit aufleuchtet.

Die Magier stehen nicht nur für andere Völker und Kulturen, für andere religiöse Wege, sondern für unser eigenes Suchen. Dort, wo wir suchen, sind wir auf dem Weg zum neugeborenen König. Alle Wege führen letztlich zu ihm. Selbst der magische Weg, der in den Magiern aufscheint, kann uns zum menschgewordenen Gott führen. Es gibt eine Magie, die des Göttlichen habhaft werden und es für sich vereinnahmen möchte. Sie führt uns nicht zu Gott. In ihr krampfen wir uns am eigenen Ego fest. Die ursprüngliche Magie dagegen glaubt daran, daß Gott sich in dieser Welt manifestiert und daß wir Gott daher auch erkennen, indem wir auf das Irdische achten und durch konkrete Praktiken erleben. In der Geburt Christi hat Gott sich wahrhaft im Irdischen geoffenbart, im Fleisch, im Menschen. Aber die Magier kommen nur zu Christus, wenn sie sich auf den Weg machen, wenn sie aufhören, Gott durch magische Praktiken in Griff zu bekommen. Sie müssen weite Wege gehen, alles Wissen hinter sich lassen und staunend niederfallen vor dem Geheimnis Gottes, das im Kind Mariens aufleuchtet.

Die Magier werden in der Bibel auch Sterndeuter genannt. Sie deuten die Sterne, die am Himmel stehen, aber auch die Sterne, die in unserem Herzen aufgehen. Wenn Du die Sterne Deines

Schicksals richtig deutest, wirst Du überall in Deinem Leben Gottes Hand schützend und leitend über Dir erfahren. Gott selbst nimmt Dich auf den verschlungenen Wegen Deines Lebens an die Hand, um Dich über Sternstunden und Stunden der Enttäuschung hinzuführen zu dem Stern, der über dem göttlichen Kind leuchtet. Auch wenn Du in der Dunkelheit Deiner Nacht den Stern oft nicht mehr siehst, wenn Du Dich von Gott auf Deinen Wegen verlassen fühlst, Gott führt Dich, bis auch Du niederfallen kannst, bis Du Dich vergessen kannst, frei wirst vom Grübeln, was das nun alles gebracht hat. Dort, wo Du Dich vergessen kannst, bist Du angekommen, bist Du ganz bei Dir und ganz in Gott.

Der Stern, der am Firmament Deines Herzens steht, ist ein Bild für die Sehnsucht, die Dich treibt. Trau Deiner Sehnsucht, folge ihr bis an den äußersten Rand. Deine Sehnsucht wird Dich nicht in Ruhe lassen, bis Du Gott findest als das letzte Ziel Deines Sehnens. Die Wege werden manchmal beschwerlich sein. Du wirst die Sehnsucht nur als Schmerz empfinden, weil Du das Eigentliche noch nicht gefunden hast. Aber Du wirst Gott finden, wenn Du Dich nur von Deiner Sehnsucht leiten läßt. Sie führt Dich in das Haus, in dem Maria und das Kind ist. Dort, wo Du das göttliche Kind in Deine mütterlichen Arme nimmst, bist Du wahrhaft zu Hause.

43. Drei Könige

Die westliche Kunst und Volksfrömmigkeit hat aus den Magiern die Heiligen Drei Könige gemacht. Damit hat sie die Bibel tiefenpsychologisch ausgelegt. Denn drei ist immer die Zahl des ganzen Menschen, der alle drei Bereiche in sich entfaltet hat. So hat der König im Märchen immer drei Söhne, die für die drei Bereiche: Geist, Seele, Leib, oder Kopf, Herz und Bauch stehen. Diese drei machen sich dann auf den Weg, um das Wasser des Lebens zu finden oder ein Heilmittel für den kranken König. Es ist letztlich der Weg der Selbstwerdung, den sie antreten und auf dem sie viele Abenteuer erleben und Gefahren bestehen. Die Kunst hat die drei Könige entweder als Vertreter der drei Lebensalter: Jugend, Lebensmitte und Alter, oder aber als Bilder für die drei Erdteile: Europa, Afrika und Asien, gesehen. Es gilt aber eigentlich uns selbst: Alles, was im Menschen ist, die Vitalität, die Manneskraft und die Weisheit des Alters, muß sich auf den Weg machen, um zu ergründen, was Menschsein heißt. Wir dürfen nicht stehenbleiben bei der Lebendigkeit der Jugend noch bei der Schaffenskraft der Lebensmitte noch bei der Weisheit des Alters. Alles muß sich wandeln, damit wir lebendig bleiben. Alles muß immer wieder aufbrechen und wandern. Das Ziel darf sein, königliche Menschen zu werden, Menschen, die selbst über ihr Leben bestimmen und nicht von andern beherrscht werden, die im Einklang sind mit sich selbst, die eine königliche Würde haben. Bei den drei Königen kommt ihre Würde aber gerade dadurch zum Ausdruck, daß sie die Zeichen ihres Königtums ablegen und vor dem göttlichen Kind niederfallen.

Die drei Könige brechen zusammen auf. Sie gehören zusammen. Sie lassen sich ihren Weg nicht von ihren Beamten erforschen, sondern sie hören auf die Stimme ihres Herzens. Dort, in ihrem Herzen, haben sie einen Stern gesehen, den Stern ihrer Sehnsucht. Sie machen sich auf den Weg der Sehnsucht. Es ist eine lange Pilgerreise. Unterwegs werden sie müde. Aber sie gehen weiter, weil sie der Sehnsucht ihres Herzens trauen. Und sie kommen ans Ziel. Der Stern weist ihnen den Weg. Aber es braucht auch das Gespräch mit Herodes und seinen Schriftgelehrten, um das Ziel genau zu erkunden. Wir müssen auf das eigene Herz hören, aber uns immer wieder auch beraten lassen, um im Gespräch die Stimme des eigenen Herzens besser herauszuhören. Das Ziel ihrer Reise ist das Haus, in dem sie Maria und das Kind finden und vor ihm niederfallen, um es anzubeten. Am Ende ihres Weges werden sie nicht belohnt, sondern sie geben alles her, was sie mitgebracht haben. Sie stehen nicht stolz da, weil sie ihr Ziel erreicht haben, sondern sie fallen nieder und beten an. Das ist das Paradox auch unseres Weges. Je weiter wir kommen auf dem Weg unserer Selbstwerdung, desto weniger ist uns wichtig, was wir davon haben und wie wir vor andern dastehen. Wir haben uns vom Geheimnis des Lebens locken lassen. Und wenn wir das Geheimnis berühren, dann fallen wir nieder, dann vergessen wir uns, dann sind wir ganz davon ergriffen, dann sind wir wahrhaft angekommen, daheim. Daheim sein können wir nur, wo wir vor dem Geheimnis Gottes niederfallen, wo wir den menschgewordenen Gott anbeten.

In der Volksfrömmigkeit sind die Heiligen Drei Könige die beliebtesten Reisepatrone. Sie sind weite Wege gegangen und haben doch nie ihren Weg verfehlt. So sollen sie uns auf den gefahrvollen Lebenswegen begleiten. Aber sie werden auch angerufen, uns vor schädlichen Einflüssen der Geisterwelt zu bewahren. Sie gelten als Nothelfer in Krankheiten. Man hat schon früh ihre

Namen mit Caspar, Melchior, Balthasar genannt. Die Abkürzung ihrer Namen C + M + B hat man auf die Türbalken der Wohnung, des Stalles und der Scheune geschrieben, um sie vor bösen Geistern zu schützen. Ihre Namen hat man wohl aus dem Segensspruch „Christus mansionem benedicat – Christus segne die Wohnung" abgeleitet. Aber die Menschen legten in diese drei Könige all ihre Sehnsucht nach magischem Wissen hinein, das uns von tief in der Seele sitzenden Ängsten befreien und uns vor Gefahren behüten solle.

44. Der vierte König

Es gibt eine alte russische Legende, die von einem vierten König berichtet, der zusammen mit den drei andern aufgebrochen ist. Edzard Schaper hat diese Legende aufgegriffen und meisterhaft gestaltet. Dieser vierte König nahm als Geschenk für das königliche Kind drei funkelnde Edelsteine mit. Er war der jüngste der vier, und keinem brannte eine tiefere Sehnsucht im Herzen als ihm. Auf dem Weg hörte er plötzlich das Schluchzen eines Kindes. Er sah im Staub „ein Knäblein liegen, hilflos, nackt und blutend aus fünf roten Wunden. So seltsam fremd war dieses Kind, so zart und hilflos, daß das Herz des jungen Königs mit heißem Erbarmen erfüllt wurde.“ Er hob es auf und ritt zurück in das Dorf, das sie gerade hinter sich gelassen hatten. Dort kannte niemand das Kind. Er suchte eine Pflegemutter und übergab ihr einen der kostbaren Edelsteine, damit das Leben des Kindes gesichert sei. Dann zieht er weiter. Der Stern zeigt ihm den Weg. Das hilflose Kind hat ihn sensibel gemacht für die Not der Welt. Er kommt durch eine Stadt, in der ihm ein Leichenzug entgegenkommt. Der Vater einer Familie war gestorben. Mutter und Kinder sollten in die Sklaverei verkauft werden. Ihnen gab er den zweiten Edelstein.

Als er weiterreitet, kann er den Stern nicht mehr finden. Er wird von Zweifeln gequält, ob er wohl seiner Berufung untreu geworden sei. Doch auf einmal leuchtet der Stern wieder. Er führt ihn durch ein fremdes Land, in dem der Krieg wütete. Soldaten hatten die Männer eines Dorfes zusammengetrieben, um sie zu töten. Er kauft sie mit dem dritten Edelstein los. Ab jetzt sieht er den Stern nicht mehr. Bettelarm zieht er durch die Lande und hilft bedrohten Menschen. In einem Hafen kommt er gerade dazu, wie ein Vater seiner Familie entrissen wird, um als Ruderknecht auf einer Galeere für seine Schuld zu büßen. Er bietet sich selbst an und arbeitet nun lange Jahre als Ruderknecht. Der Stern ging nun in seiner Seele auf. „Dieses innere Licht erfüllte ihn bald über und über, und eine ruhige Gewißheit kam über ihn, dennoch auf dem rechten Weg zu sein." Die Mitsklaven und Herren spürten das seltsame Leuchten dieses Menschen. Er wird in die Freiheit entlassen. Im Traum sieht er wieder den Stern und hört eine Stimme: „Eile dich! Eile!" Mitten in der Nacht steht er auf. Da leuchtet der Stern und führt ihn an die Tore einer großen Stadt. Von der Menschenmenge wird er mitgerissen auf einen Hügel, auf dem drei Kreuze stehen. Über dem mittleren Kreuz leuchtet sein Stern. „Da traf ihn der Blick des Menschen, der da am Kreuz hing. Alles Leid, alle Qual der Erde mußte dieser Mensch gefühlt haben, so war dieser Blick. Aber auch alles Erbarmen und eine grenzenlose Liebe. Seine Hände, von Nägeln durchbohrt, waren schmerzlich eingekrümmt. Aus diesen gemarterten Händen aber zuckten Strahlen. Wie ein Blitz durchbebte auf einmal den König die Erkenntnis: Hier ist das Ziel, zu dem ich ein Leben lang gepilgert bin. Dieser ist der König der Menschen und Heiland der Welt, nach dem ich mich in Sehnsucht verzehrt habe; der mir in allen Mühseligen und Beladenen begegnet ist." Der König sinkt unter dem Kreuz in die Knie. Da fallen drei Blutstropfen in seine offenen Hände. Sie waren leuchtender als drei Edelsteine. Als Jesus mit einem Schrei stirbt, bricht auch der König tot zusammen. „Sein Angesicht war noch im Tode dem Herrn zugewandt, und es war ein Leuchten darauf wie von einem strahlenden Stern."

Jedesmal, wenn ich diese Legende lese, berührt sie mich. Vielleicht sagt sie auch Dir etwas vom Geheimnis von Weihnachten.

Oft genug siehst Du nichts von einem strahlenden Stern. In Dir ist es dunkel. Und Du zweifelst, ob Du auf dem richtigen Weg bist. Aber wenn Du Dich einläßt auf das Leben, so wie Gott es Dir zumutet, auf die Menschen, die Deinen Weg säumen, wenn Du voll Erbarmen bist, dann wird eines Tages der Stern in Dir aufleuchten, und Du wirst das göttliche Kind in jedem menschlichen Antlitz finden, dem Du Dich zuwendest und auf dessen Sehnen Du antwortest.

45. Herodes

In der Geburtsgeschichte nach Matthäus spielt Herodes eine unübersehbare Rolle. Als die Magier nach Jerusalem kommen und nach dem neugeborenen König der Juden forschen, erschrickt er. Er ruft zunächst alle Schriftgelehrten zusammen, um sich nach dem Geburtsort des Messias zu erkundigen. Aus den Schriften der Propheten können sie ihm die Stadt Betlehem nennen. Dann ruft Herodes die Magier heimlich zu sich und läßt sich von ihnen sagen, wann ihnen der Stern erschienen sei. Und er schickt sie nach Betlehem mit dem Befehl: „Geht und forscht sorgfältig nach, wo das Kind ist; und wenn ihr es gefunden habt, berichtet mir, damit auch ich hingehe und ihm huldige" (Mt 2,8). In Wirklichkeit will er das Kind töten. Als Herodes merkt, daß die Sterndeuter nicht zu ihm zurückkehren, wird er sehr zornig und läßt in Betlehem und der ganzen Umgebung alle Knaben bis zum Alter von zwei Jahren töten.

Herodes ist nicht nur der Widersacher des göttlichen Kindes, das damals in Betlehem geboren wurde, sondern auch der, der die Gottesgeburt in unserem Herzen verhindern möchte. Herodes steht für den Menschen, der alles kontrollieren will, der seine Gefühle, seine Beziehungen, seinen Beruf, der die Menschen seiner Umgebung unter Kontrolle halten will, damit er allein die Herrschaft ausüben kann. Er ist ein Bild für das Ego, das allein regieren möchte. Er muß gegen alles kämpfen, was ihm seine Herrschaft streitig macht. Er gerät in panische Angst, wenn er da von einem göttlichen Kind erfährt, das sich seiner Kontrolle entzieht. Auch in uns gibt es vieles, das die Herrschaft des Ego untergräbt.

Selbst wenn die Ahnungen des Herzens, die Bilder des Traumes, die Sterne unserer Sehnsucht nicht so greifbar und so verfügbar sind wie das Kontrollwissen, letztlich haben sie mehr Macht. Letztlich bestimmen sie unser Leben. Darum gerät dem, der alles kontrollieren möchte, irgendwann einmal sein Leben außer Kontrolle. Herodes möchte die Magier mißbrauchen, um sein eigenes Wissen zu vermehren und um seine Herrschaft auszubauen. Es gibt auch heute genügend Menschen, die durch ihr Vielwissen jede Verunsicherung abwehren möchten. Sie brauchen deshalb so viele scheinbar intelligente Argumente, um niemanden an sich heranzulassen, um sich von niemandem in Frage stellen zu lassen.

Aber die Magier entziehen sich der Herrschaft des Herodes. Die Träume weisen ihnen einen anderen Weg. Die Träume lassen sich vom Ego nicht kontrollieren, sie lassen sich vom Kopfwissen nicht entmachten, in ihnen spricht Gott selbst zu uns und zeigt uns den wahren Weg zum Leben. Und dieser Weg geht am Ego vorbei.

Herodes ist ein Mensch voller Angst und Minderwertigkeitskomplexe. Als er von den Magiern hört, daß sie den neugeborenen König der Juden anbeten möchten, erschrickt er und wird ganz verwirrt. Er hat Angst, daß ihm ein Kind seine Herrschaft streitig machen kann. Das ist doch paradox. Aber in dem kleinen, verletzlichen Kind in der Krippe steckt mehr Kraft als in dem König, der sich hinter seiner Rüstung und seiner Armee versteckt. Der König braucht seine Macht, um seine Herrschaft zu sichern. Ohne Herrschaft ist er nichts, fällt er in sich zusammen. Die Geschichte zeigt, daß ihm alle seine Ränke nichts nützen, daß er elend zugrunde geht. Gerade in diesem Sinne spricht ein Kirchenvater des 5. Jahrhundert Herodes in einer Predigt an: „Du mordest den Leib der Kleinen, aber die Furcht mordet dein Herz.“ Wer das Kind in sich ersticken muß, der erstickt an seiner eigenen Enge. Wer voller Angst gegen alles wütet, was sich seiner Herrschaft entzieht, den frißt die Angst auf. Und aller Zorn, den wir nach außen hin leben und der andern Furcht einflößt, ist doch nur Ausdruck, daß wir uns im Innersten getäuscht haben, daß wir enttäuscht sind über das brüchige Lebensgebäude, das wir mühsam errichtet haben, um uns gegen alles Neue und Unvorhergesehene abzuschirmen.

Du kennst sicher auch einen Herodes in Dir. Diese Geschichte deckt den Herodes in Dir auf, nicht damit Du ihn in Dir tötest, sondern damit Du Dich mit ihm versöhnst. Nur wenn Du ihn Dir eingestehst, kannst Du Dich mit ihm versöhnen und ihn dadurch entmachten. Trau dem göttlichen Kind in Dir, auch wenn es so klein erscheint. Trau den inneren Stimmen, die Dir sagen, daß Du wertvoll und einmalig bist, daß Du Dich nicht damit zufriedengeben sollst, Dich nur abzusichern und Dich einzurichten. In Dir will immer wieder Neues aufbrechen. Die Ahnungen Deiner Träume, die leisen Impulse, die in Deinem Herzen in der Stille auftauchen, weisen Dir den Weg Deiner Menschwerdung. Du wirst nicht Mensch, wenn Du mit Deinem Ego alles kontrollieren willst, sondern nur dann, wenn Du dem göttlichen Kind in Dir Raum gibst, wenn Du immer wieder dem Neuen, das Gott in Dir wirken möchte, einen schützenden Raum schenkst. Auch in Dir wird der Messias geboren, der Dich zu einem freien Menschen macht, zu einem königlichen Menschen, zum wahren Selbst, zum einmaligen und einzigartigen Bild, dem Gott gerade in Dir sichtbaren Ausdruck verleihen möchte.

46. Gold, Weihrauch, Myrrhe

Die Magier öffnen ihre Schatztruhen und bringen dem Kind Gold, Weihrauch und Myrrhe. Seit jeher hat man diese drei Gaben immer wieder gedeutet. Irenäus von Lyon sieht im 2. Jahrhundert im Gold die Königswürde des Kindes ausgedrückt, im Weihrauch seine Gottheit und in der Myrrhe seinen Tod am Kreuz. Für Karl Rahner weist das Gold auf unsere Liebe, der Weihrauch auf unsere Sehnsucht und die Myrrhe auf unsere Schmerzen hin. Er sieht also in den Gaben nicht Bilder für das Geheimnis des göttlichen Kindes, sondern Zeichen für unsere Hingabe, für unsere menschlichen Haltungen, die dem menschgewordenen Gott gerecht werden. Die „Legenda aurea" kennt noch andere Deutungen. Die Könige opferten Gold wegen der Armut Mariens, „Weihrauch wider den bösen Geruch des Stalles, Myrrhen um des Kindes Glieder zu kräftigen und die bösen Würmer zu vertreiben". Oder aber Gold steht für die Gottheit, Weihrauch für die andächtige Seele und Myrrhe für den reinen Leib, da sie vor aller Unreinheit schützt. Offensichtlich hatten die Alten ihre Freude daran, in diese Gaben ihre ganze Phantasie hineinzulegen.

Gold hat immer schon die Menschen fasziniert. Die Alten sprechen vom Goldglanz der Götter. Für Klemens von Alexandrien ist die Weisheit Christi als des unvergänglichen Logos das königliche Gold. Gold wird durch das Feuer geläutert. Ihm darf nichts beigemischt werden. Seit jeher wird das Gold im Kult verwendet. Gold gebührt den Göttern. Das Gold zeigt nicht nur die göttliche Natur des Kindes in der Krippe, sondern weist auch auf den Goldglanz unserer Seele hin. Wir sind nicht nur Menschen dieser Erde, sondern auch Menschen des Himmels. Unsere Seele spiegelt den goldenen Glanz Gottes wider. In unserem Antlitz leuchtet Gottes Herrlichkeit auf. In unserer Seele haben wir teil an Gottes Glanz.

Weihrauch wird in vielen Kulturen als angenehmes Duftmittel verwendet. Der zum Himmel aufsteigende Weihrauch ist Bild für unsere Gebete, die zu Gott emporsteigen, Bild für unsere Sehnsucht, die das Alltägliche übersteigt. Unsere Sehnsucht steigt wie Weihrauch zum Himmel auf. Sie läßt sich nicht hier auf der Erde festsetzen. Sie hat die Leichtigkeit des Weihrauchs. Sie dringt auch durch alle verschlossenen Türen hindurch. Sie öffnet unser Herz und läßt es weit werden. Weihrauch riecht gut. Er erfüllt unser Leben mit einem geheimnisvollen Duft, mit göttlichem Geschmack. Als ich auf dem Berg Athos war, hat mich der eigenartige Geruch des dortigen Weihrauchs fasziniert. Die Kirchen atmen diesen Duft. Da entsteht sofort ein Gefühl von Geheimnis, von Daheimsein, von Geborgenheit, von Sehnsucht und Liebe. Der Weihrauch ist längst aufgestiegen, aber er hinterläßt im ganzen Raum einen eigenartigen Geruch. Ich atme ihn bewußt ein und fühle mich angerührt vom göttlichen Geschmack. Bestimmte Gerüche rufen in mir sofort starke Gefühle aus der Vergangenheit wieder ins Bewußtsein. Der Duft von Heu erinnert mich an Urlaub. Da ist die Erfahrung von Urlaub nicht nur im Kopf, sondern im ganzen Leib. So ist es auch mit dem Weihrauch. Da rieche ich förmlich die geheimnisvolle Gegenwart Gottes, da nehme ich sie mit dem ganzen Leib wahr.

Die Myrrhe ist für die Alten ein Paradieseskraut. Es weist hin auf den Zustand des Paradieses, nach dem wir uns alle sehnen. Und Myrrhe ist zugleich ein Heilmittel, ein Heilmittel für unsere Wunden. Im Geschenk der Myrrhe halten wir unsere Wunden Gott hin. Wir bringen das Kostbarste, was wir haben, die vielen

Verletzungen unserer Lebensgeschichte. Die Wunden haben uns aufgebrochen. Sie haben uns gezwungen, uns von äußerem Reichtum zu distanzieren. Das Wertvollste, das wir haben, ist ein Herz, das lieben kann. Die Wunden haben uns mit unserem Herzen in Berührung gebracht. Unser gebrochenes und verwundetes Herz bringen wir dem göttlichen Kind dar, im Vertrauen, daß es diese Wunden heilen und verwandeln wird. Wenn wir dem göttlichen Kind unsere verletzte und beschädigte Lebensgeschichte hinhalten, dann können wir erahnen: Es ist alles gut. Wir hadern nicht mehr mit unsern Wunden. Wir ergeben uns mit unseren Wunden in die Liebe hinein, die uns im göttlichen Kind aufleuchtet. Dann sind wir trotz aller inneren und äußeren Not im Paradies.

Suche Dir die Gabe aus, die Dir und Deiner momentanen Situation entspricht, und bringe sie dem göttlichen Kind. Und laß Dich von dem Bild leiten, das Dich am meisten anspricht. Es will Dich zum Kind führen. Das Bild ermöglicht es Dir, vor dem niederzufallen, bei dem Du daheim sein kannst, und Dich selbst zu vergessen, frei zu werden vom Kreisen um Dich selbst. Wenn Du Dich vergißt, dann bist Du ganz Du selbst, dann bist Du wahrhaft frei.

47. Epiphanie

Das Weihnachtsfest der Ostkirche war das Epiphaniefest am 6. Januar. „Epiphanie" heißt „Erscheinung". Damit wurde in der antiken heidnischen Literatur das rettende Erscheinen einer Gottheit oder auch eines Herrschers bezeichnet. Die Ostkirche hat mit dem christlichen Epiphaniefest angeknüpft an das heidnische Geburtsfest des Sonnengotts Aion, dessen Geburt aus der Jungfrau Kore am 5./6. Januar in Alexandrien gefeiert wurde. Die ganze Nacht vom 5. auf den 6. Januar blieb man wach und sang Hymnen und spielte Flöte. Beim morgendlichen Hahnenschrei stieg man in eine dunkle Höhle hinunter und holte ein Kind hervor, „weil die Sonne an diesem kürzesten Tag gleichsam wie ein Kleinkind aussieht" (Macrobius). Statt des kleinen Sonnenkindes verehrten die Christen die Geburt der wahren Sonne, die Geburt Jesu als Kind in der Höhle von Betlehem. Epiphanie war für die Griechen der Geburtstag des Gottes. Christi Ankunft im Fleisch ist die höchste Epiphanie, die sich der Christ denken konnte.

Vielleicht hat die frühe Kirche mit der Feier der Epiphanie auch eine Antwort gegeben auf das griechische Dionysosfest. Dionysos war der Gott des Rausches. Am Vorabend seines Festes, in der Nacht vom 5. auf den 6. Januar, wurden drei Krüge Wasser in den Tempel des Dionysos gestellt, die am andern Morgen voll Wein gefunden wurden. Die frühe Kirche gedachte am Fest Epiphanie nicht nur der Magier, die das Kind anbeteten, sondern zugleich der Taufe Jesu und der Hochzeit zu Kana. Die dreifache Erscheinung der Herrlichkeit Gottes vor aller Welt (Anbetung der Magier), in den Elementen der Schöpfung (Taufe Jesu im Jordan) und in der menschlichen Liebe (Hochzeit zu Kana) gab eine Antwort auf die Sehnsucht der Griechen, wie sie in ihrer Philosophie, in ihrer Verehrung des Sonnengottes Aion und im Dionysoskult zum Ausdruck kam. Dionysos steht für den Rausch, der uns über das Irdische hinausheben und unserem Leben einen neuen intensiven Geschmack geben möchte. Indem Gott Mensch wird, bekommt unser Leben einen neuen Geschmack, da wird das Wasser des menschlichen Lebens in Wein verwandelt. Die frühe Kirche hat die Sehnsucht der griechischen Religion aufgegriffen und die Geburt Jesu so verkündet und gefeiert, daß die Menschen damals spürten: In diesem Jesus von Nazaret wird meine tiefste Sehnsucht erfüllt. Die dionysische Religion wollte das Geistige und Körperliche, Mystik und Eros, miteinander verbinden. In Jesus hat Gott mit uns Hochzeit gehalten, da hat er sich für immer mit uns verbunden. Als die dionysische Religion entartete und für die Menschen zu wild und ungezügelt wurde, wurde sie abgelöst von der Verehrung des Orpheus, des göttlichen Sängers, der von der frühen Kirche als Urbild Christi gesehen wurde. Wenn Orpheus sang, legten sich Tiger und Löwe, Schafe und Wölfe friedlich neben ihn. In Jesus ist diese paradiesische Verheißung wahr geworden. An seiner Krippe haben sich Ochs und Esel eingefunden. Jesus singt das neue Lied der Liebe, das dem in sich zerrissenen Menschen die Einheit zwischen Liebe und Sexualität, zwischen Geist und Trieb, zwischen Gott und Mensch verheißt.

Schon die späten Schriften des Neuen Testaments beschreiben die Menschwerdung Gottes in Jesus Christus als Epiphanie. Im Titusbrief heißt es: „Die Gnade Gottes ist erschienen, um alle Menschen zu retten“ (Tit 2,11). Gottes Liebe ist in Jesus Christus sichtbar geworden. Nur was unseren Sinnen erscheint, kann uns berühren und verwandeln. Worte, die nur das Denken ansprechen, haben nicht die Kraft, uns in allen Schichten unseres Seins zu erlösen. Es braucht das Sichtbarwerden der Herrlichkeit Gottes, damit wir uns als neue

Menschen erfahren dürfen. Ja, der Titusbrief kann das Weihnachtsgeheimnis auch mit den Worten beschreiben: „Erschienen ist die Güte und Menschenliebe (humanitas) Gottes, unseres Retters“ (Tit 3,4). Dieser Satz hat den katholischen Philosophen Peter Wust zutiefst getroffen. Als er von den Nazis abgesetzt sterbenskrank darniederlag, hat er diesen Satz als die Weihnachtsbotschaft seinen Studenten geschrieben. Mitten in der Unmenschlichkeit des Dritten Reichs war es ihm ein Trost, daß in der Geburt Christi die wahre Menschlichkeit sichtbar geworden ist, die Humanität Gottes selbst. Er glaubte daran, daß sich diese Menschlichkeit Gottes durchsetzen würde gegenüber aller äußeren und inneren Gewalt.

An Epiphanie feiern wir das Erscheinen der Herrlichkeit Gottes in unserem Fleisch. Bei einem Meditationskurs haben wir diese Festaussage ernst genommen. Wir haben einen ganzen Tag lang meditiert und in Körperübungen zu erspüren gesucht, was es heißt, daß Gottes Herrlichkeit in meinem Fleisch erscheint, daß mein Leib der Ort ist, an dem Gottes Glanz hier auf Erden sichtbar wird. Wie erlebe ich mich, wenn das stimmt, daß in meinem Leib, an dem ich oft so leide, Gottes Schönheit aufleuchtet? Wie sehe ich meine Brüder und Schwestern, wenn ich daran glaube, daß in ihnen Gottes Antlitz mir entgegenstrahlt? Henri Nouwen hat in seinem Buch „Ich hörte auf die Stille“ erzählt, wie ihm der Abt das Wort zur Meditation gab: „Ich bin die Herrlichkeit Gottes.“ Das sollte er tagelang meditieren. Dann würde er erfahren, wer er in Wirklichkeit ist. So will Dich dieses Fest im Blick auf das Erscheinen der Herrlichkeit Gottes im Fleisch dazu führen, das Geheimnis Deines eigenen Fleisches zu erkennen. Das Fest gibt die wahre Antwort auf die urgriechische Forderung: „Erkenne dich selbst!“ Du erkennst Dich selbst, wenn Du in Dir Gott findest und Dich in Gott. Du wirst wahrhaft zum Menschen, wenn Dein Fleisch durchscheinend wird für Gottes Herrlichkeit, wenn Dein Fleisch zum Ort der Epiphanie Gottes wird.

48. Taufe Jesu

Am Fest der Taufe Jesu feiern wir einen weiteren Aspekt der Menschwerdung Gottes. Gott ist nicht nur im Fleisch erschienen, sondern in den Elementen der Schöpfung. Indem Jesus in das Wasser des Jordan hinabsteigt, heiligt er die Schöpfung. Im Wasser als dem Urelement sind alle Dinge dieser Welt von Gott berührt. In allen Dingen ist nun Gott zu finden. Die Ikonen haben bei der Darstellung der Taufe Jesu im Jordan immer auch die Flußgötter dargestellt. Auch sie wurden durch die Taufe Jesu geheiligt. Gott selbst steigt hinab in seine Schöpfung. Nun ist er überall zu finden, in der Kraft des Wassers, in der Schönheit einer Blume und in der Erhabenheit der Berge. Und die irdischen Elemente können Gott vermitteln. Das Wasser der Taufe läßt uns teilhaben an der göttlichen Quelle des Heiligen Geistes, die in uns sprudelt. Das Weihwasser, das am Fest der Taufe Jesu an vielen Orten geweiht wird, will uns täglich daran erinnern, daß der Lebensquell Gottes in uns strömt. In der frühen Kirche übernahm man heidnische Bräuche des Wasserschöpfens am Fest der Taufe Jesu, um mit diesem Wasser die Häuser und Schiffe zu besprengen und vor Unheil und Gefahr zu schützen.

Ein anderer Aspekt der Taufe Jesu ist, daß Jesus in die Fluten des Jordan herabsteigt, in denen die Menschen sich ihre Schuld abwaschen ließen. Er steht also im Jordan, der von der Schuld der Menschheit erfüllt ist. Er wird solidarisch mit uns Sündern. Im Wasser stehend öffnet sich der Himmel über ihm, und eine Stimme erschallt: „Du bist mein geliebter Sohn, an dir habe ich mein Wohlgefallen." Das gilt auch für Dich. Wenn Du aus den

Fluten Deiner Schuld und aus den Wassern Deiner Angst emporschaust zum Himmel, öffnet sich auch über Dir der Himmel. Dein Herz wird weit. Du brauchst Dich nicht mehr mit Schuldvorwürfen zu zerfleischen. Du hörst aus dem offenen Himmel das Wort Gottes, das Dir bedingungslose Daseinsberechtigung zusagt: „Du bist mein geliebter Sohn, meine geliebte Tochter. An Dir habe ich mein Gefallen. Ich liebe Dich so, wie Du bist. Du mußt Dich nicht erst selbst gerecht machen. Du brauchst Dir eine Daseinsberechtigung nicht zu erkaufen. Du darfst sein, weil ich Dich mag. Du gefällst mir so, wie Du bist."

Die Taufe Jesu erinnert Dich an die eigene Taufe, in der Du in wunderbaren Riten in das Geheimnis Deiner christlichen Existenz eingeweiht worden bist. Du bist wie Christus zum König, Propheten und Priester gesalbt. Du bist ein königlicher Mensch, einer, der selbst lebt, anstatt von andern gelebt zu werden. Du bist Prophet, einer, der mit seiner Existenz etwas ausdrückt, was nur durch ihn dargestellt werden kann. Und Du bist Priester, einer, der Gott und Welt miteinander verbindet, der Irdisches in Göttliches verwandelt, der sein Menschsein durchlässig werden läßt für die Herrlichkeit Gottes. Du bist getauft. Du mußt Deine Daseinsberechtigung nicht verdienen. Du bist bedingungslos angenommen und geliebt. Das Fest der Taufe Jesu will Dir diese Wahrheit nicht nur sagen, sondern sie tief in Dein Herz einprägen, ja bis in Dein Unbewußtes, bis in das Wasser Deines Jordan eindringen, damit Du Dich mit allem, was Du bist, mit Deinem Bewußten und Unbewußten, mit Deiner Kraft und Deiner Schwäche, mit Deiner Liebe und mit Deiner Schuld, bedingungslos akzeptieren und lieben kannst.

49. Hochzeit zu Kana

Die frühe Kirche hat schon am Fest der Epiphanie, am 6. Januar, der Hochzeit zu Kana gedacht. Sie hat die Theologie des Johannesevangeliums verstanden, der mit dem Zeichen, das Jesus bei der Hochzeit zu Kana wirkte, das Geheimnis der Menschwerdung in einem Bild ausdrücken wollte. Wenn Gott Mensch wird, dann feiert er Hochzeit mit uns. Die Hochzeit ist in den Märchen immer Bild der Vereinigung aller Gegensätze im Menschen, Vollendung der Selbstwerdung. Wenn Gott mit dem Menschen Hochzeit feiert, dann werden die größten Gegensätze miteinander verbunden, die es gibt: Gott und Mensch, Himmel und Erde, Geist und Materie, Wasser und Wein. Gott hat sich in der Menschwerdung für immer mit dem Menschen verbunden, so wie sich Braut und Bräutigam in der Hochzeit aneinanderbinden. Er ist das Risiko eingegangen, sich auf die launenhafte und vergängliche Menschennatur einzulassen. Sören Kierkegaard hat dieses Wagnis Gottes in seinem Weihnachtsmärchen in einem treffenden Bild ausgemalt. Da überlegt der König, der ein Bettlermädchen heiraten will, weil er es liebgewonnen hat, wie er es anstellen könne, daß dieses Mädchen ihn nicht immer nur als Wohltäter und sich selbst als minderwertig ansehen würde. Und er kommt auf die Idee, sich selbst zum Bettler zu machen, sich nicht nur als Bettler zu verkleiden, sondern selbst Bettler zu werden, um dieses Mädchen so mit seiner Liebe zu beglücken, daß es sich gleichwertig mit ihm fühlt. Nur so ist wahre Liebe möglich. Diese Liebe hat Gott in seiner Menschwerdung in unübertroffener Weise geübt. Da ist er für uns zum Bettler geworden, zum

Kind, damit wir uns nicht zu klein fühlen, wenn er uns seine göttliche Liebe für immer schenkt.

Seit jeher feiern die Menschen die Hochzeit mit einem Gefühl der Freude und des Erschauderns. Es ist nach wie vor ein Geheimnis, daß zwei Menschen sich finden und für immer den Weg miteinander gehen, daß Mann und Frau eins werden. Schon der Name „Hochzeit" läßt auf das Besondere schließen. Es ist eine hohe Zeit, eine festliche Zeit, da Mann und Frau ihren Bund miteinander feiern. Zum Fest der Hochzeit gehört notwendigerweise der Wein, der allen ein Hochgefühl vermittelt, daß sie die Niederungen des Alltags vergessen und sich dem Traum vom immerwährenden Glück zwischen Mann und Frau hingeben können. Aber zugleich wissen die Feiernden, daß das Fest nicht hält, was es verspricht.

Diese Erfahrung spricht Johannes in seinem Evangelium an. Das Fest des Brautpaares löst nicht ein, was es verheißen hat. Der Wein geht aus. Die Liebe genügt nicht. Sie reicht nur für ein paar Tage. Doch dann sind sie wieder auf das Wasser angewiesen, auf die Steinkrüge, die dort bereitstehen. Das Leben wird wieder starr, es versteinert und verhärtet sich. Die Wasserkrüge dienen der Reinigung, die die jüdischen Reinheitsvorschriften vorsahen. Schon nach kurzer Zeit der Lebendigkeit, die die Brautleute erfahren, verfestigt sich ihr Leben in Gewohnheiten und Zwangsritualen, die kein Leben mehr vermitteln, sondern nur noch Starre und Langeweile. Da verwandelt Jesus auf Bitten seiner Mutter das Wasser in den sechs Krügen zu Wein. Die sechs Krüge sind einmal eine Verdoppelung der drei Krüge, die man in den Tempel des Dionysos gestellt hat, zum andern stellt die Sechs die Zahl der Unvollkommenheit dar. Sechs ist die Zahl der Arbeit und Mühsal des Menschen. Die Sechs weist hin auf die Sieben, die vollkommene Zahl, die Irdisches und Menschliches miteinander verbindet. Der siebte Krug, auf den die sechs Wasserkrüge hinweisen, ist das Herz Jesu, das sich im Kreuz auftut und die Liebe Gottes auf alle Menschen ausgießt, um mit ihnen für immer Hochzeit zu feiern.

Durch die Menschwerdung Gottes wird das Wasser unseres Lebens in Wein verwandelt. Unser Leben bekommt einen neuen Geschmack, einen göttlichen Geschmack, der uns in die „nüchterne Trunkenheit – sobria ebrietas“ (Ambrosius) hineinführt. Es ist eine Trunkenheit, aus der wir nicht mit einem Kater aufwachen, sondern die wir stets genießen dürfen, die uns immer über die Niederungen dieses Lebens hinaushebt. Wir dürfen den Wein der göttlichen Liebe trinken, ohne davon betrunken zu werden, wie beim Trank des dionysischen Bechers. Die Liebe, die in der Menschwerdung Gottes in uns eingeflossen ist, macht unser Herz weit und schenkt unserem Leben einen letzten Sinn. Denn das ist ja die tiefste Sehnsucht, die in jedem Menschen steckt: die Sehnsucht, geliebt zu werden und lieben zu können. Durch die Menschwerdung verbindet sich Gott auf immer mit uns Menschen in einer heiligen Hochzeit, damit wir, die wir liebesunfähig waren, selbst zur Liebe werden. Wir vermögen zu lieben, weil die Quelle der Liebe, Gott selbst, in uns ist.

50. Mariä Lichtmeß

Vierzig Tage nach Weihnachten feierte man in Jerusalem seit dem 5. Jahrhundert ein eigenes Fest. Es wurde entweder Fest der Begegnung genannt oder Fest der Reinigung. In Rom wurde die Darstellung Jesu im Tempel an diesem Tag gefeiert. Die Volksfrömmigkeit hat dieses Fest immer auf Maria bezogen und es daher Mariä Lichtmeß genannt. Früher endete mit diesem Fest die Weihnachtszeit. Die liturgische Reform hat die Weihnachtszeit verkürzt und läßt sie heute mit dem Fest der Taufe Jesu enden. In Rom beging man am Fest der Darstellung des Herrn eine feierliche Lichterprozession. Vermutlich hat die Kirche damit eine heidnische Reinigungsprozession übernommen, wie sie in Rom Anfang Februar üblich war. So lassen sich auch hier wieder heidnische Wurzeln des Festes wahrnehmen. Sie zeigen, daß das Fest für die Christen eine archetypische Bedeutung hatte. Aber was kann das Fest uns heute sagen?

Es ist das Fest der Begegnung zwischen Maria und dem greisen Simeon. Simeon nimmt das Kind auf seine Arme und preist Gott mit den Worten: „Meine Augen haben das Heil gesehen, das du vor allen Völkern bereitet hast, ein Licht, das die Heiden erleuchtet, und Herrlichkeit für dein Volk Israel“ (Lk 2,30). Für mich gehört es zum Ritual dieses Tages, die Bachkantate „Ich habe genug“ anzuhören. Da heißt es: „Ich habe genug, ich habe den Heiland, das Hoffen der Frommen, auf meine begierigen Arme genommen. Ich habe genug! Ich hab ihn erblickt, mein Glaube hat Jesum ans Herze gedrückt.“ Am vierzigsten Tag nach Weihnachten wird das Ziel des Festes in diesen Worten sichtbar.

Wenn ich Jesus in diesen Wochen wirklich meditiert und in meine Arme genommen habe, dann habe ich genug, dann kann ich vieles lassen, was mich sonst festhält. Weihnachten entläßt mich in den Alltag. Mit Christus in meinem Herzen kann ich auf andere Weise den Alltag bewältigen.

Die Liturgie bringt noch einen anderen Aspekt dieses Festes in ihren Gesängen zum Ausdruck. Da heißt es in der Antiphon, die zur Lichterprozession gesungen wird: „Schmücke dein Brautgemach, Zion, und nimm den König Christus auf. Umarme Maria, die himmlische Pforte. Denn sie trägt den König des ewigen Lichtes." Das Fest lädt uns ein, Christus in das innere Gemach unseres Herzens aufzunehmen. Unser Herz wird hier als Brautgemach beschrieben. Die Hochzeit zwischen Gott und Mensch geschieht, indem wir Christus eintreten lassen in das innere Gemach unserer Seelenburg, wie Teresa von Avila das Brautgemach der menschlichen Seele nennt. Das wird beim Fest in der Lichterprozession zum Ausdruck gebracht. Zu Beginn der Eucharistie versammelt sich die Gemeinde in der dunklen Kirche. Der Priester weiht die Kerzen und entzündet sie. Dann ziehen alle mit brennenden Kerzen in die Kirche ein. Es ist ein Bild dafür, daß das Licht Jesu Christi in den Tempel unseres Herzens einzieht und alles erleuchtet, was da noch dunkel und unerlöst ist.

Viele Gemeinden versuchen, dieses Fest heute wieder auf neue Weise zu feiern. Denn sie spüren, daß es etwas Wesentliches für unser Leben zu sagen hat: Immer neue Räume Deines Lebens sollen sich für das Licht öffnen, das an Weihnachten in unserer Welt aufgeleuchtet ist. Das Licht von Weihnachten entläßt Dich in den Alltag mit der Aufgabe, alle Lebensbereiche von diesem Licht erhellen zu lassen, Deine Arbeit, Dein Leben daheim in der Familie, das Miteinander im Gottesdienst und Dein politisches Engagement. Das Licht von Weihnachten soll auch heute die Heiden erleuchten, wie es im Lobgesang des Simeon heißt. Es soll auch heute die Welt in Dir und um Dich herum mit dem Licht der Liebe erfüllen, damit alle Menschen das Heil sehen, das ihre tiefste Sehnsucht erfüllt.

Schluß

Wir haben die Bilder der Advents- und Weihnachtszeit miteinander angeschaut. Sie bringen uns mit unseren Urängsten und Ursehnsüchten in Berührung. Sie zeigen uns die Bedrohung durch die Dämonen der Dunkelheit und der Winterkälte, aber sie weisen uns auch hin auf die Heilung unserer Ängste, auf die Befreiung und Verwandlung unseres Lebens dadurch, daß das Licht in unsere Finsternis hineinstrahlt und Gott selbst Mensch wird. Die Bilder von Weihnachten rühren an die Grundlagen unserer Existenz. Sie sind nicht einfach interessant, sondern sie wollen uns an die Wurzeln unseres Seins heranführen. Sie lenken unseren Blick in längst vergangene Zeiten, die sich aber tief in unsere Seele eingeprägt haben. Es sind nicht nur persönliche Ängste und Sehnsüchte, mit denen wir durch diese Bilder in Berührung kommen. Sie tauchen vielmehr aus dem kollektiven Unbewußten auf, das unser Leben auch heute noch beeinflußt, auch wenn wir meinen, wir würden uns nur den gegenwärtigen Problemen stellen. Unsere Seele möchte durch die archetypischen Bilder an der Wurzel geheilt werden. Es ist nicht nur Symptombehandlung, sondern Eintauchen in das heilende Bad der göttlichen Heilkraft, die uns in diesen Bildern zufließt.

Es ist daher sinnvoll, gerade die Wochen um den Jahreswechsel bewußt als heilsame Unterbrechung zu nutzen, um in all den Bildern zu meditieren, wer wir eigentlich sind, woher wir kommen, was unser Leben soll, was uns bedroht und was uns heilt, was uns ängstigt und was uns Vertrauen ins Dasein schenkt. Immer wenn wir ein neues Jahr beginnen und darauf vertrauen, daß unser Leben neu und besser wird, wenden wir uns in Bildern der weihnachtlichen

Feste dem Urgrund unseres Lebens zu, damit unser Leben in der Tiefe erneuert wird, daß in unserem Innern die Quelle wieder fließt, aus der wir immer wieder neu schöpfen können, weil sie nie versiegt, weil sie aus Gott selbst in uns einströmt. Der neue Anfang wird nur gelingen, wenn er in der Tiefe ansetzt, wenn er alle Bereiche unseres Leibes und unserer Seele, wenn er die inneren Abgründe, das heidnische Wissen um die Dämonen, die magischen Denkmuster, wenn er die Urängste und Ursehnsüchte berücksichtigt. Ohne Eintauchen in die Tiefe gibt es keine Erneuerung unseres Lebens.

Ich wünsche Dir, daß Dir die Bilder helfen, Dein eigenes Leben mit neuen Augen anzuschauen. Sie sollen Dich nicht nur die Advents- und Weihnachtszeit intensiver erleben und bewußter feiern lassen, sondern Dich auch während des Jahres begleiten. Vielleicht kannst Du Dir immer wieder einmal eines der fünfzig Bilder herausgreifen und einen Tag oder eine Woche lang mit diesem Bild leben. Das Bild wird Dir Dein eigenes Leben neu erschließen. Es wird Dir zeigen, wer Du eigentlich bist, welche Möglichkeiten in Dir stecken und welche Würde Du hast. Es wird Dir auch den Blick öffnen für das Geheimnis der Menschen, denen Du begegnest. In ihnen wirst Du nicht nur das Langweilige und Aufreibende, das Dunkle und Böse sehen, sondern auch den göttlichen Glanz, der in jedem Antlitz – wenn auch noch so verborgen – aufstrahlt. Und Du wirst die Schöpfung um Dich herum neu erleben. In ihr wird Dir das Geheimnis Deines Lebens aufleuchten. In der Sonne, in den Sternen, in den Wäldern, auf den Wiesen, am Wasser, überall wirst Du Gott erkennen, der in der Menschwerdung und Fleischwerdung in diese Welt hinabgestiegen ist und sie in ihrem Grund verwandelt und vergöttlicht hat. Nimm die Bilder nicht nur als Begleiter durch die Advents- und Weihnachtszeit, sondern auch durch das neue Jahr, damit Du Tag für Tag einen neuen Anfang feierst, den Anfang, den Gott selbst in Dir setzt, wenn er einbricht in Deine Zeit, in Deinen Leib, in Deine Seele.

Literaturliste

Anselm Grün – Michael Reepen, Heilendes Kirchenjahr, Münsterschwarzach 1985.

Neige das Ohr deines Herzens. Worte, die zur Lust am Leben führen, hrsg. v. Mönchen der Abtei Münsterschwarzach, Münsterschwarzach 1998.

Photina Rech, Inbild des Kosmos, Bd. II, Salzburg 1966.

Karl Rahner, Kleines Kirchenjahr, München 1953.

Ulrich Riemerschmidt, Weihnachten. Kult und Brauch – einst und jetzt, Hamburg 1962.

Richard Pinzl – Gustl Tögel, Der Christbaum, München 1968.

Carl Gustav Jung, Der Mensch und seine Symbole, Olten 1968.

Die Legenda aurea des Jacobus de Voragine, übers. v. Richard Benz, Köln 1969.